清代翰林
與香港

道從此人

梁基永

著

中華書局

目錄

引　言

　　「道從此入」四字，出於香港新界流浮山下深藏的古寺靈渡寺中，同治狀元梁耀樞所題贈的牌匾，梁耀樞是順德人，翰林出身，這四個字很符合清代翰林與香港文化的關係，中原的道統，也就是文化正脈，是由他們帶到香港來的。

　　說起清遺民與香港的文化史，稍有涉獵者，大多會知道學海書樓。這所小小的文化機構，卻承載了多位清末翰林進士的足跡，成為香港有史以來薈萃翰林最多的機構。同時，也成為香港中文文化史的權輿。

　　一個地方的文化史，總是從著名人物開始的。可以不誇張地說，這幾位大紳，是香港文化史的開創者之一。重溫學海書樓歷史，我們會發現，這幾位翰林聚首香港的背景，是宣統三年辛亥革命的爆發與民國成立，他們離開廣東，避居香港。但是談到翰林與香港文化，筆者卻又發現，翰林來到香港這片土地，原來並不是從辛亥革命之後才開始的。

　　早在香港開埠之前，這一塊屬於廣東廣州府新安縣的海濱之地，曾經吸引了一些名士的足跡，當然，他們有的是因宦遊或職務而至，也有的是因為開埠初期，這裏華洋雜處的繁華吸引而至。這些足跡有的今日依稀可尋，有的只存在於古紙之中。

宣統元年，粵籍翰林在北京廣電會館歡送戴鴻慈入閣合影，此照片網絡流傳版本人物說明多有錯誤，此據何幼惠先生提供說明更正，其中前排戴鴻慈右側一人，圖片說明原缺，似為何作猷。

　　辛亥革命之後，香港成為了中國繼北京、上海、廣州之後，第四個聚集最多清遺民的城市，這本身已值得重視，1949 年之後，翰林太史大多數已作古，香港仍然吸引了僅存的幾位翰林，作為文化史上的魯殿靈光，操持風雅，辦學興教。直到 1974 年，中國歷史上最後一位獲得翰林編修頭銜的刁作謙太史在香港病逝，中國一千多年翰林史的最後一頁，結束在香港，也是文化史上值得記錄的篇章。

　　從科舉進士中，挑選最精英者進入翰林院，這歷史可以追溯到唐代玄宗時期。從唐代開始，由於翰林院職掌國史，所以翰林們又被稱為「太史公」，唐代以來，已是社會上最受尊崇的群體。明清兩代，繼承唐宋科舉並且規範化，從進

士中遴選翰林的標準極為嚴格，這種風氣到了清末，更加成就了社會上對翰林的崇拜。與清初不同，晚清漢臣取代滿人成為實際政務的執行者，這些官員之中，翰林佔據絕大比重，而閒散的翰林則因為出身正途，成為社會上地位超然的大紳，這種由科舉帶來的官方地位，使翰林成為晚清自治社會中舉足輕重的人物，與地方官員具有同等的影響力。體現在香港這樣一個華洋雜處的社會，殖民地政府對於華人的管理，更多地依賴地方大紳的模範與支持，所以民國初年，居港的太史便成為當時華人的主要領袖之一。

筆者生長的廣州西關，是清末以來的經濟重鎮與文化名區，聚居了眾多的文化名流，也是科舉興盛的富庶之地。因祖家是外貿與科舉世家的關係，筆者一直以來從事明清翰林歷史研究，也因世交的緣故，認識了不少晚清大吏與士紳的後人。鄧又同先生就是筆者叔祖輩的世交，他又介紹了香港幾位重要的太史如賴際熙、溫肅、陳伯陶等後人，筆者採訪過程中，得到不少第一手的資料。晚清以來，香港文化史尤其是中文教育史的構建，始終貫穿着這些太史公的身影。

本書的下編，收錄了部分曾經訪港和寓居香港的清代翰林小傳，不少是首次有人撰寫他們的傳記，這些史料，或得

| 此幅照片又名《香江九老圖》（詳細考證見本書附錄），拍攝於 1920 年代，前排左起：張學華，梁慶桂（有爭議），吳道鎔，陳伯陶，汪兆鏞。後排左起金湛霖，黃誥，伍荃萃，桂坫。

自報刊，或得自實物史料，雖然他們在世時曾經聲名顯赫，不少人身後名卻仍然寂寂，吉光片羽，不應湮埋於塵封之中。

　　今日香港的廟堂醫院，名勝牌坊之上，仍然可以見到太史公的遺墨高掛，他們創辦的院校，仍然在宣道揚學。崇正總會、孔教學會等組織仍然擁有崇高聲望。學海書樓、香港大學中文系，仍然是香港傳統國學的地標。市民最津津樂道的，還有那碗熱氣騰騰的「太史蛇羹」，這些都象徵着他們的遺澤仍然長存不息。

道暨天南

青山屐蹟

香港辛亥之前的翰林蹤跡

  中國的科舉制度，始於隋文帝時期，以取代之前依靠士族作為官僚的選拔制度，是中國歷史上最重要的考試制度。與之相適應的，則是唐玄宗朝開始的翰林院制度，在經歷了多重考試的進士之中，再選拔其最優秀者，進入皇家開辦的翰林院。在翰林院中，這些頂尖的學子不但學習文化知識，也熟悉官場的運作，成為後備的人才庫。一直到明清兩代，形成了不成文的規矩，即未入翰林者不得官大學士。由於明清均不設宰相，大學士代替了宰相的功能，清代入翰林者，被視為「儲相」，一登龍門，聲價百倍，從而躋身成為「大紳」。

  除了職掌中樞的大學士，清代的許多重要職官，如京官之中的六部尚書侍郎，地方官之中的總督巡撫，也多數是進士出身，甚至大部分都是翰林。即使不入官場，很多進入翰林院的庶吉士（即入選翰林而未授職者，民間稱為小翰林）在回鄉之後，也成為地方上的重要士紳，與地方官擁有同等的影響力。因為在翰林院中，他們的同窗很可能成為京官或者地方大

吏，翰林院中的「教師」，即朝廷欽派的「教習庶吉士」差事，都是由翰林出身的老資格官員擔任，有了多重的關係網絡，使得晚清社會形成了對翰林的崇拜風氣日益濃厚。

以往研究香港歷史，多注重於辛亥革命後，清遺民南下避居，作為香港近代文化史的開端，這當然沒有錯。但是翰林作為清代社會大紳的代表，他們來到香港卻並不從辛亥之後才開始。

香港昔日在廣州府新安縣屬下，新安是一個客屬為主的小縣，與南海番禺順德的文化富足固然不可比，但這裏奇特的山水人文，在開埠之前，就吸引了不少文人的眼光。唐代韓愈路經此地，曾經寫下「屯門雖云高，亦映波浪沒」的名句。考察香港現存的文物，我們能發現不少翰林曾經留下的痕跡。毗鄰的澳門曾經出過一個本地的翰林（光緒甲辰科李翹燊），香港本地卻沒有出過翰林，是一個遺憾，所有的翰林按照古代的說法在香港都是「寓賢」，即曾寓居此地的賢達。幸運的是，由於香港沒有受到近代政治與毀滅文物的衝擊，這裏仍保存了從乾隆以下清代各朝的翰林文物。

現存香港境內最早的清代翰林遺跡，當屬上水廖萬石堂中座所存的翁方綱（1733－1818）所親題「成均耆俊」牌匾。廖氏為新界四大原居民姓氏之一，元代已開始遷入新界居住。廖萬石堂創建於乾隆十六年（1751），中座懸掛有一方牌匾，文字為：「成均耆俊，乾隆辛卯冬，贈九十五歲恩貢士廖大興」。

由於年月久遠，部分文字脫落，此匾一直沒有引起文化界關注。筆者認真辨識「大興」兩字下方，依稀可見「翁方綱」

| 上水廖萬石堂中座所懸掛翁方綱親筆題寫「成均耆俊」匾額

三字，而簽名下方尚存完整的「翁方綱印」「覃溪」兩方印章。
從書法來看，其筆跡流暢老練，顯然是翁方綱的親筆所書。

「大興」即今日河北靠近北京一帶，翁方綱從乾隆二十九
年（1764）開始擔任廣東學政，學政的職責之一，是在省內
各處巡視，並且考察各地學生文化和思想，稱為「觀風」。此
匾題於乾隆辛卯即乾隆三十六年（1771），該年翁方綱恰好
完成了視學粵東的任務，寫有〈留別詩〉四首。

與該祠堂現存的其他功名牌匾相比，此匾的特殊之處，
是它不同於普通的清代功名牌匾只用楷書字體寫「文魁」「進
士」等，而是翁方綱親自書寫，其時翁方綱正是廣東學政巡視
期間，因此他很可能在此年來到新安，並且親筆題贈九十五歲
的廖姓老人，這位老者，據該族人回憶，名字已失記，但由於
他一直參加科考，直到九十五歲，按照清代規矩，可以頒授榮
譽的科名，故此翁方綱稱其為恩貢士。

廖萬石堂還保留了乾隆辛未（1751）年廖瑛所題的「澤綿萬石」匾，廖瑛為福建永安人，乾隆二年（1737）進士，官至江西按察使。此匾與翁方綱匾一樣，屬於親自書寫的牌匾。祠堂後座牌匾很多，表示廖族人的功名，但多數為正楷字體的普通功名匾。值得一提的還有祠堂正門上懸掛有一方翰林牌匾，這種牌匾以其外形像廣東人拜祭時放置燒豬的盤子，因此俗稱為「燒豬盤」，上面通常寫有族人功名，這一方寫的是：

光緒三年丁丑科 欽授翰林院編修 臣廖廷相恭承

前面已經提過，祠堂中的這種牌匾，都是本族人的功名，但是懸掛在頭門的功名牌匾，則以顯赫為貴，清代末年，因為翰林較受推崇，很多士族在本家欠缺功名的情

| 上水廖萬石堂所懸掛廖廷相翰林功名牌

況下，便向同姓翰林借用其名銜，以光耀門楣。廖廷相（1842－1897），字子亮，一字澤群，廣東南海縣人，晚清學者，他是光緒二年（1876）進士，改翰林院庶吉士，散館授編修，充國史館協修。後來一直在廣州從事教學，曾任廣雅書院山長。從籍貫可知，廖太史本身是南海人，與上水的客家廖姓並非同族，只是姓氏同宗而已。

新界的另外一個重要姓氏是元朗鄧族，他們來新界定居時間可以追溯到北宋。在錦田廣瑜鄧公祠中座大堂，懸掛有一方金漆牌匾，上寫：「思成堂，乾隆甲寅仲春吉旦　頤園初彭齡題」。初彭齡（？－1825），字頤園，山東萊陽市姜疃鎮北黃村人。乾隆四十五年（1780）中進士，選庶吉士，授編修，官至工部尚書。當地傳說，初太史寫此匾時，寫到「思成」兩字忽然去世，「堂」字為後人補書。查乾隆甲寅即乾隆五十九年（1794），當時初太史仍然健在，傳說不知所據為何。由於初太史並沒有到廣東的經歷，因此牌匾應該屬於請託所書。但元朗仍然存有很多廣東翰林的痕跡。

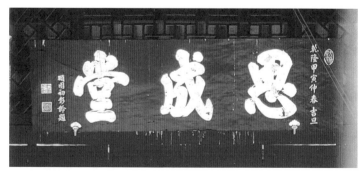

| 廣瑜鄧公祠中座初彭齡所題思成堂匾額

| 元朗流浮山靈渡寺

流浮山下被茂林環抱的靈渡寺，是香港三大古剎之一，傳說中晉代高僧杯渡禪師曾經在此修行。這裏由於遠隔市塵，一切仍然保持着晚清的格局，幸運地沒有受到都市文化打擾。

寺院的牌匾之中，歷史最久遠的，則是區玉章太史所題的「客堂」匾。這是端正的楷書，筆畫剛勁利索，很有館閣味道。太史原名區玉麟，字報章，號仁圃，南海縣上金甌堡人，嘉慶九年（1804）甲子科鄉試舉人，嘉慶十三年（1808）戊辰科二甲進士，選翰林院庶吉士改吏部主事。他的榜名原叫玉麟，後來傳說是因為吏部有同名者，嘉慶皇帝御筆改名為玉章。這處古寺，在《新安縣志》中已有記載，是昔日名勝之一，客堂則是寺院中招待貴客之所，區太史來此隨喜一番，寺僧自然殷勤相待，留題此匾，不僅為古剎留掌故，也為湖山

增秀色。同樣留下墨寶的嘉慶朝翰林，還有客家籍的才子宋湘（1756－1826），他是嘉慶四年（1799）二甲進士，選翰林庶吉士，他與翁方綱是很好的朋友。元朗廈村友恭堂後座懸掛有他題贈的對聯：「人文古鄒魯，山水小蓬瀛，程鄉宋湘」，下面還刻有「解元吉士」印章，表示自己的科名和身份。宋湘是嘉慶朝最有名氣的廣東書家之一，此聯用筆奔放，結體不拘一格，很有個性。宋湘作為清中期客家籍最有影響的翰林，與同屬客籍的新界地區世族應該有不少交集。新界現存另一處宋湘的題字，保存於元朗新田的麟峰文公祠中座，中座大廳名為「吐書堂」，取麒麟吐玉書的典故，書於嘉慶丙寅（1806）。當時距離宋成翰林不過數年時間，字體是端重的楷書，比較罕見。新田村為文氏家族聚居地，村中祠堂多掛有文廷式

| 廈村友恭堂所存宋湘所題寫對聯

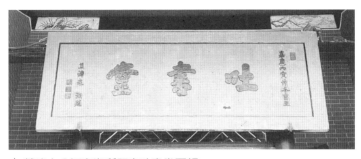

| 麟峰文公祠宋湘所題寫吐書堂匾額

（1856－1904）「榜眼及第」的牌匾，如前所述，這是借同族的功名以光耀門楣。

　　道光朝的廣東翰林，比較有影響的如香山籍的鮑俊（1797－1851），字宗垣，號逸卿，自號石溪生。香山縣山場鄉人，出身於書香世家。清道光二年（1822）中舉人，次年中進士，選庶吉士，後調刑部山西主事，候選員外郎。鮑俊久居廣州，他以書法和繪畫著稱，今日廣州府很多祠堂、書院等均留有他的墨寶。粉嶺的龍躍頭保存有一座別緻的私塾，正門之上，是一整塊連州青石雕刻的石匾，其字作凸起陽文：善述書室，道光庚子仲秋，逸卿鮑俊書。

| 龍躍頭善述書室鮑俊所題寫門額

| 靈渡寺藏陳其錕題寫對聯

　　道光庚子即道光二十年（1840），這座善述書室，是該村為祭祀先祖鄧雲階的祠堂，清代乾隆朝曾經一度因為廣東私人建祠氾濫，引起朝廷反感，下令不得再建私祠，廣東人則變通以「家塾」「書室」的名義祭祀祖先。這座宗祠外立面工藝考究，其頭門灰塑，壁畫等均完好無損，鮑太史的書法以端正雍容著稱，加上刻工極為細緻，充分展示了原作的氣韻。鮑太史的鄉下香山山場村，即今日珠海前山一帶，與新界只是一水之隔，也許龍躍頭曾經留下過逸卿太史的行蹤。另外值得注意的是靈渡寺中也存有道光二十年陳其錕所撰寫的一副對聯，陳其錕字棠溪，道光時與鮑俊、潘正亨、招子庸等交往密切，經常在廣州一起合作書畫。他們兩位老朋友同一年在這附近留下墨寶，很有可能是一起相約同遊的緣故。

鯉門來客
香港開埠後的翰林來遊

　　就在鮑俊和陳其錕兩位名士暢遊之後不久，道光二十一年（1841），根據《南京條約》，香港正式開埠，香港島最先歸入英界，從一個貧瘠多山的小島，逐漸成為熱鬧的西式都市。本來廣東人因為有澳門的關係，對於西式的城市並不陌生，但是香港開埠之後，迅速成為一個交通樞紐，從廣州到中國北方的航船，往往途徑香港再出發北上，而廣州往南洋和西方的船隻更加必經香港，因此這時期香港出現了更多的翰林蹤跡。

　　開埠初年，香港很快成為與澳門並峙的歐洲風格城市，道光末年到同治初年，是香港島的成長期，然而這裏以高速發展的形勢超過了老牌的澳門。同治二年（1863），著名學者和書法家何紹基專程到港澳兩城遊歷，並寫下詩篇。

　　何紹基（1799－1873），字子貞，號東洲，晚號猨叟。湖南道州（今道縣）人。清道光十五年（1835）舉人，次年聯捷成進士。選翰林院庶吉士，散館授編修，充武英殿國史館協修、纂修、總纂，國史館提調。歷典福建、貴州、廣東鄉

試。咸豐二年（1852），任四川學政。因條陳時事，而被降官調職，遂絕意仕途，遍遊名山大川。博涉群書，尤精小學，工書法，善篆刻。其書遒勁峻拔，為清代碑學大家；草書自成一家，人稱有清之冠。他又是清代宋詩派的重要人物。著有《惜道味齋經說》、《東洲草堂文鈔》、《東洲草堂詩鈔》等。

何紹基於道光十年（1830）、二十九年（1849）及同治二年（1863），數度

| 何紹基像

至粵。在廣東各地都曾留下墨寶，例如順德清暉園，廣州海山仙館等。同治二年夏，詩人至廣州時，曾遊澳門、香港，並寫下〈乘火輪船遊澳門與香港作，往返三日，約水程二千里〉一詩，對這兩個城市作了一番對比和描述。

火激水沸水輪轉，舟得輪運疑有神。約三時許七百里，海中更比江行駛。不舠不篙惟恃鑪，鑪中石炭氣焰麤。有時熱逼頗難避，海風一涼人意蘇。一日澳門住，一日香港息。澳門半華夷，香港真外國。一層坡嶺一層屋，街石磨平瑩如玉。初更月出

門盡閉，止許夷車莽馳逐。層樓疊閣金碧麗，服飾全非中土制。止為人人習重學，室宇車船等儀器。其人醜陋肩骭脩，深目凸鼻鬚眉虯。言語侏離文字異，所嗜酒果兼羊牛。漸染中華倉聖學，同文福音資考諏。謂余書有辟邪用，試懸老犖驚群酋。平生足跡徧行省，今日得此韻外遊。萬怪魚龍窺醉墨，近仙樓與杏花樓。（自註近仙樓在澳門，杏花樓在香港。同遊者陳亞蘇、董文卿及闇齋姪也。）

此首古體詩，見於《東洲草堂詩鈔》卷二十五。全詩約可分為三個部分，「火激水沸水輪轉」至「海風一涼人意蘇」是第一部分，「一日澳門住」至「所嗜酒果兼羊牛」是第二部分，「漸染中華倉聖學」至「近仙樓與杏花樓」是第三部分。其中對於香港的描寫，頗為詳盡。「澳門半華夷，香港真外國」是寫香港開埠不久，已經建設得比澳門更像一個歐洲城市。「一層坡嶺一層屋，街石磨平瑩如玉」，何紹基在廣州西關住過潘仕成的「海山仙館」，應該對廣州街道鋪石並不陌生，這裏卻極讚香港街道鋪石之美，可以想像港島開埠之初，就已經很重視市政設施建設。「初更月出門盡閉，只許夷車莽馳逐」，則反映了開埠初年治安的複雜：因為九龍一帶還是華界，港島背後的大山也是草莽一片。一到晚上，海盜和竊賊趁着夜色，橫行無忌，早上則潛伏回維港茫茫一片的小船之中。當時甚至連英國駐華商務監督的印信都被盜，因此港府只好規定宵禁，入夜之後，除了英國人，華人不許夜晚出門，除非帶有特許

證件。這種情況直到光緒初年，煤氣街燈普及之後才逐漸好轉。何紹基所見到的正是這一特殊時期的景象。

由於何紹基是翰林出身，又曾經多年做學官，他對於香港的教育非常留心，「止為人人習重學，室宇車船等儀器」，反映了他見到香港學校注重科學教育的情形。不過由於天朝上國的心理，他覺得這些小道學問並不怎樣，所以當有外國人請他賜墨寶，並說他的字「能辟邪」，他就欣然命筆。「謂余書有辟邪用，試懸老掔驚群酋」，詩中的「老掔」，是指他的彎曲盤屈的字體，「驚群酋」則點出其得意的神色。詩中還特意

| 杏花樓全景

提到香港一處早期最著名的茶樓「杏花樓」。

杏花樓是香港開埠初期最早的茶樓，廣式的茶樓與酒樓，是有分別的，茶樓只賣點心和供應小菜，酒樓則供宴席和招待，其區別為酒樓有大菜（如魚翅等）茶樓則只做小菜。廣式茶樓，今日在廣州香港只有很少的一兩家仍然維持昔日的面貌，而杏花樓則是香港最早開業的名茶樓。其位置在中環威靈頓街與鴨巴甸街交界（即今日蓮香樓附近），後來遷往皇后大道中 325 號，今已不存。昔日這裏是香港富豪和風雅文士飲宴之地，因茶樓有廣式天台，能眺望維港的海景，頗為愜

| 杏花樓

意。雖然今日已見不到何紹基當日在香港留下的墨寶，幸運的
是杏花樓卻留下了清晰的照片，照片中茶樓位於山坡的凸起部
分，有廣式的陽台，廣州風格的滿洲窗和家具，有茶客正在眺
望海景。從何紹基到李文田，再到後來的孫中山，都在此留下
了足跡。

咸豐九年（1859），廣東順德人李文田高中探花，他出
身寒門，視為當時科舉美談。這位勤奮的探花以清廉和博學馳
名當世，與當朝的名臣如李鴻章，張之洞等都保持密切的友
誼。較鮮為人知的是，他曾經在光緒初年多次來居香港。

同治十三年（1874），李文田因上奏阻撓慈禧重修圓明園
的計劃，辭官回到廣東，閒居在廣州西關之餘，也留心政務。

光緒七年（1881）七月十二日，李鴻章有一封寫與李文
田的書信，內容主要討論當時「洋藥」走私的問題，李鴻章認
為當時洋藥厘捐過重，以致走私盛行。文中提到了一個細節：

> 英官沙苗前來津謁晤，欲與華官合辦洋藥稅，
> 旋聞李玉衡等糾合粵商，湊資設立公司包辦，未知
> 果可靠否，又未知港督與印度英酋肯任承攬否。以
> 中國抽數與英人共之，本難深信，但議加稅厘必須
> 在洋藥發源處設法，使無可偷漏。

「洋藥」即鴉片，在晚清的鴉片貿易中，香港是印度洋藥
運抵中國的第一集散地，也是中國最大的鴉片走私中心。廣東
自光緒初年始，為籌辦海防經費，督撫已招商包抽通省洋藥

捐。此處李鴻章提到「李玉衡等糾合粵商，湊資設立公司包辦」，指的是光緒六年（1880），港商李玉衡接辦洋藥包抽洋銀九十萬元以五年為滿，於次年兩廣總督奏准實行。

晚清屢受朝廷委派遊訪西方各國的張德彝，他著名的日記體遊記著作《航海述奇》，記錄了光緒六年（1880）七月初十日他從英國附輪舟回到香港登岸，當晚受到香港紳商的盛意邀請出席一個宴會，張德彝在日記中詳細記錄了當晚列席的人士：

> 繼至北鎮街安居號，拜潘星衢，堅請晚酌。同席有李若農學士文田，林翰園太守苑生，潘槐史，李玉衡⋯⋯亥正，謝別登船。入夜雨。

文中可見李文田學士和李玉衡二人同席而坐，而且他們也共同參加了次日在居安號舉行的宴會。據此可知，李文田於光緒六年（1880）七月曾親自赴港與當地紳商面晤，而當年正是李文田受粵東當道委派辦理直隸水災籌捐和包抽通省洋藥捐事宜。當時捐輸最力以省城愛育善堂為首，至於接辦包抽洋藥捐的商人正是在座的李玉衡。前文已述善堂紳董許多又同時是香港華商的身份。無可否認的是，李文田在為籌款過程中要經常和省城、香港的鉅賈富賈打交道。雖然這些商人背後多少涉及販賣鴉片，經營賭博，但也只有憑藉他們捐集鉅款，才能應付各種僅憑政府財政無法應對的社會問題。

有趣的是，日記中記載，坐在李探花旁邊的大富商李玉衡，即香港人所熟悉的李陞（1830前後－1900），又名李

璿，譜名象薰，號玉衡，香港開埠初期富商，是十九世紀末香港華人首富，二品花翎候選守巡道，誥授通奉大夫。在香港開埠初期最重要的華人慈善團體東華醫院創辦時，李陞是負責籌辦的頭面人物。

如前所述，李文田出身寒門，性格正直，清廉，對着八面玲瓏如李陞之輩，他顯然只是奉命應酬，所以我們今日在東華所存的牌匾對聯之中，竟沒有看到這位當時最重要的廣東大紳之一所留下的墨寶，這是頗可玩味的。

李文田在香港留下的文物，卻也不是完全無跡可尋。廈村鄧氏宗祠中座，懸掛有李文田所書的長聯一副：

| 廈村友恭堂藏李文田長聯

遷居東西頭，想當年克勤克儉，兩祖詒謀開廈里

分房上下屋，喜此日美輪美奐，千秋衍派紹南陽

　光緒九年歲次癸未冬月重修落成　二十三傳孫惠麟

敬撰

　　　　　　　　　　　　順德李文田拜書

　　這是目前所見李文田在香港留下的唯一文物（另九龍樂善堂也有一副對聯為李文田撰書，但已是複製品。因樂善堂抗戰被炸毀之故），時為光緒九年（1883），當時兩地交通已經較為方便，李文田可能時常往來於省港之間。也就在這一年，另一位李文田的同鄉，狀元梁耀樞也來過香港遊歷。

| 大嶼山鹿湖精舍門聯何璟與梁耀樞字跡

香港大嶼山深處的鹿湖精舍，始建於光緒九年，其山門的對聯為：

　　　　　褀嶺分蹤，雖處天涯皈淨土
　　　　　嶼山寄跡，獨超塵界峙中流
　　　　光緒歲次癸未仲秋吉旦　左春坊左中允湖北提督
　　學政梁耀樞敬書

　　梁耀樞（1832－1888）字冠祺，號斗南，晚號叔簡，順德倫教人。少時從學於名儒朱九江。同治壬戌年中舉人，辛未科中進士，欽點狀元，為廣東清代最後一位狀元。同年授翰林院修撰。同治十二年，出任順天鄉試同考官，官至翰林院詹事。

　　梁耀樞與李文田既是同鄉，又同為朝中深受慈禧喜愛的文學侍從，因為兩人的書法都非常出色之故。今日故宮的內廷，仍然懸掛有兩人所寫的不少對聯中堂。梁耀樞寫此聯的時間，正好與李文田為廈村題寫長聯同時，有可能此時兩人同客香港。該年大嶼山鹿湖精舍落成，此精舍由於供奉廣東官方非常尊崇的呂祖，因此能邀請到達官貴人為之張目，迄今精舍頭門上還保存着另一位道光翰林，香山籍的閩浙總督何璟（1817－1888）所題寫的精舍門額。款書「光緒九年吉日建，兵部尚書都察院右副都御史閩浙總督何璟敬書」，相比之下，前述晉朝開山的靈渡寺，題山門的只是大鵬協副將張玉堂。張為靈渡寺題額時間是咸豐初年，時隔二十年後，香港寺廟的地位已經崛起，能請到朝中大吏光耀門楣了。

| 靈渡寺藏梁耀樞題匾額

　　梁耀樞來遊香港，也探訪了深山之中的靈渡寺，今日大殿之前廊下，懸掛有梁耀樞所題寫的「道從此入」四個大字，成為重要的香港佛教文物，靈渡寺自從嘉慶以來已經有太史來遊，狀元的墨寶無疑增加了這裏的名山氣氛。

　　光緒朝是香港經濟迅速起飛的時代，從同治末年到光緒末（1870－1909）三十多年間，香港人口增加近十倍，也成長為亞洲重要的交通樞紐，來往此間的中國名人眾多，除了梁耀樞，香港還迎來的另一位狀元的足跡，是貴州籍的夏同龢。

　　夏同龢（1874－1925）字用卿，貴州麻州縣人，他的姑曾祖父即貴州大儒莫友芝，家學淵源加上後天努力，夏於光緒二十四年（1898）中狀元，授翰林院修撰，並於 1904 年奉派往日本留學法政，是歷史上第一位奉派出國留學的狀元。

　　在日本留學的兩年間，夏結識了不少重要的近代史人物，其中包括孫中山。後來途徑香港歸國，夏在香港和廣東留下了不少翰墨。今日汕頭博物館所藏的一副楷書長聯：

茶香書味中自饒
清福
天風海濤外遙寄
閒情

　　算琴二兄孝
廉，胸次高潔，
本於天性。雖日
處園匣中，而超
然有出塵之慨。
與兩三友朋，
構養閒別墅於香
江，茶餘酒後，
共談瀛海，不啻
身在蓬萊三島中
也。予新歸自扶
桑，僕僕塵勞，
慨焉有休息之
志，第杖策偕
隱，未卜何年克
賦遂初耳。乙巳
冬十一月夏同龢
撰聯並識於香江。

| 夏同龢楷書九言長聯，汕頭博物館藏

乙巳即光緒三十一年（1905），當時夏同龢從日本結束學習歸來，停留香港。此聯書法極為酣暢，文中描述的海港風光，令人懷想不已。

早在光緒戊戌年夏氏上京考試之時，他已經結識了香港富商王頤年（字旗三，廣東番禺人），王氏欣賞其才華，資助其上京盤川，因此夏氏在途徑香港時，王以東道主之誼相待，今日仍存於番禺沙灣的王氏生祠，其門額也是夏同龢的手筆。

宣統三年，夏同龢再次蒞臨香港，這次他是因為在廣東任法政學堂監督，被御史彈劾後改任道員，需上京引見，搭乘西伯利亞輪船經香港時，同樣引來一班華人粉絲歡送，事見當年《華字日報》。

與夏狀元一樣屬於年少科甲的另一位年輕翰林劉名譽，他除了暢遊香港，還留下了六首詩句。劉名譽（1860－1923後），字嘉澍，號鈍翁、晚年又號疊彩山樵，廣西桂林人。光緒六年（1880）進士。由翰林編修歷官國史館協修、功臣館纂修，貴州、河南主考，瓊州、江甯、淮安等府知府。著有《紀遊閑草》、《桂隱辛壬集》、《竹雨齋詩抄》、《玩珠小記》、《越事備考》、《慕庵治心詩鈔韻語》等。光緒七年的《循環日報》上，有這樣一篇記載：

> 粵西劉嘉樹太史，己未入詞林，時年僅十有八歲。一時都門人士，無不豔而美之，以為其科第可及，其年不可及也。太史天才卓犖，詩文迥不猶人。來遊香海，以駐行蹤。適值英國王孫至此，

衢市間懸燈結綵，魚龍曼衍，簫鼓喧闐。演劇放煙火，徹三晝夜，一時闔境若狂。士女觀者雲集，火樹銀花，彷彿上元光景，固向來未有此盛也。太史因成六絕句，以紀其盛。今錄於左：

其一云：鼇山簇擁燭龍回，簫鼓喧闐錦織堆。忽見海波紅不定，恰疑真向鯉門來。蓋詠龍燈也。

其二云：極天煙火恍元宵，爆竹聲中光動搖。何似百千散花女，繽紛紅雨撒林梢。蓋詠煙火也。

其三云：朗月繁星天半落，迷離五色狀難工。差如萬斛明珠琲，傾向珊瑚香海中。蓋詠日本小燈也。

其四云：如雲士女踏歌行，星火交輝不夜城。時有穠華逐明月，脂香酒氣不勝情。

其五云：梨園粉墨早登場，豪竹哀絲夜未央。履舄交偎人似海，誰知曙色淡紅牆。

其六云：蜀錦口稜彩欲飛，半裁旌斾半腰圍。幾忘月黑宵寒夜，尚有懸鶉百結衣。

劉太史中進士，入翰林院時才二十歲，所以報紙上說「其才可及，其年不可及」，即說他年少入翰林之美談。按照《光緒實錄》，該科的庶吉士要到光緒九年（1884）才散館，因此 1882 年劉來到香港停留，應是援清代成例，未成婚之新科翰林，得請假返鄉成親，此即戲文上經常提到的「奉旨完婚」一事的來由。劉名譽一生好遊，今日仍存有其《紀遊閒草》等遊記性質的詩集，這六首詩也成為了早期香港繁華的印記。

| 約 1880 年的中環渣甸噴泉

　　詩中提到的許多新生事物，來自外洋，引發了當時士大夫的濃厚興趣，當時香港是中國士大夫能窺見歐洲新事物和城市面貌的一扇視窗，同時期來到香港的另一位翰林崔廣沅（1855－1927）也寫下了他的觀感。

　　崔廣沅字子湘，山東棗莊人，光緒十六年（1890）進士，選翰林庶吉士，官廣東遂溪知縣，雷州知府。光緒辛丑（1901）他因丁憂回鄉，當時廣州灣一帶輪船北上，必經香港，在他的《似園詩草》中有兩首香港詩，分別是他上任和離開粵西時的作品：

　　　　長天一色水雲賒，湧閣飛樓面面遮，
　　　　萬古洪濤移不去，天留此島界中華。

　　　　　　　　　　　　　　　　　　〈過香港〉

重經港浦偏增慨，風景流連喚奈何，
倒影樓台連島嶼，騰空燈火亂星河。
心傷宦海波濤險，夢破鄉關涕淚多，
萬里長風真負卻，與誰擊楫助吟哦。
〈由遂溪旋廣州於愛輪船抵香港小住〉

　　早在崔太史中進士的前一年，1889 年，香港電燈公司
已經成立，給香港島帶來了照明。港島的燈火通明，高樓林
立，給來自山東的崔太史留下了極深刻的印象，到他離任重經
香港時，香港的繁華和時局（庚子八國聯軍）的紛擾，也帶給
他無盡的奈何。

　　與劉名譽同科的狀元黃思永（1842－1914），安徽徽州

| 港島軒尼詩道約 1880 年

人，光緒六年（1880）狀元，後來成為著名的實業家。大概是徽州人會做生意，他賺錢確實有辦法，並且引來了御史的注意。光緒九年六月，著名的清流「四諫」之一，御史鄧承修（1841－1892）參奏他的罪狀：

> 臣聞庚辰狀元黃思永，素習鑽營，人甚猥瑣，自得修撰，告假出京，到處招搖，聲名狼劣，並聞其在廣東，恭遇孝貞顯皇后大事未滿百日，輒易吉服，為香港一洋僧題主，得金數百。（下略）

「題主」是清代一種頗具儀式感的白事活動，一般在五七（過世後第五個七天）舉行，敦請社會名流在亡者神主牌上，用硃砂點上「神」字的長豎，「主」字的一點。廣東習俗，當日要換上吉服，笑臉迎賓。點主的主賓，顯示主家的身份，功名愈高，酬金愈貴。狀元自然是最佳人選，黃思永這次來

| 黃思永曹鴻勛李文田等合作楷書團扇 　| 李鴻章晚年照片

港，行跡不知如何被御史所知，但最大可能是因為主家高調，酬金高昂，市傳紛紛。「洋儈」當指洋行商人，當時正好是孝貞皇太后（即慈安）喪事期間，大概黃思永以為在香港換上吉服，賺一筆紅包，較為穩妥，卻沒有瞞過鐵面御史的線報。筆者曾藏一絹本團扇，上面有黃思永，曹鴻勛兩位狀元加上四個廣東翰林的書法，正是此年他來廣東的留痕。

前述香港作為廣州到北方輪船客運的中轉港口，吸引了不少名流逗留，其實光緒年間，訪問香港最高級的翰林，則是赫赫有名的李中堂，李鴻章（1823－1901）。

1900 年 1 月，清廷重新起用李鴻章，並派他任兩廣總督，在到廣州接任前，李專程訪問香港。李鴻章當時是西方社會最熟悉的一位中國官僚，對於李中堂訪港，港府給與最高規格接待。在中環美利碼頭，安排了儀仗隊和英國軍樂隊歡迎李鴻章，並且以高規格的禮炮接待。隨後送李中堂到港督府，與港督卜力（1840－1918）會面，參與會談的還有英軍總司令加士居，輔政司駱克等官員。這次會談的內容之一，是討論九龍寨城駐紮中國軍隊問題，隨後李鴻章離開香港赴廣州。

同年六月，慈禧太后向列強宣戰，是為庚子之役，兩宮急召李中堂北上擔任直隸總督，與列強周旋。在離開廣州時，李再次途徑香港，與卜力會談。這次見面，港督開門見山地提出，要李最好留在廣州，促成兩廣獨立。這種要求當然遭到李鴻章的拒絕，李坐輪船北上時，香港的中國百姓自發到碼頭歡送，李鴻章也在船上向眾人招手道別，一年後，戰爭以聯軍佔領北京清廷賠款而結束，李鴻章也在同年病逝。

李鴻章在香港似乎沒有留下墨寶，但他來香港之前，已經對香港留下了較好的印象。光緒四年（1878）近代史上著名的荒年「丁戊奇荒」剛剛結束，李鴻章上奏提到廣東士紳捐獻說：

> 紳民人等，急公好義，踴躍樂輸，潮州一府已捐業者有二十餘萬之多，其餘香港及南洋各埠，經紳董梁雲漢等實力勸辦，起解三萬餘兩。

為此李鴻章還促成了光緒御賜「神威普佑」牌匾予東華醫院，今日仍然懸掛於文武廟大堂。

近代輪船的出現，改變了中國從南方到京城的千年北上方式，從最早的陸路到杭州，再經運河進京，改為從水路經珠江口，再到上海停靠，然後經大沽口入京。其中從廣州出發的蒸汽輪船，必須經過香港再沿着南中國海北上，香港成為北上的必經和停靠口岸，上述李鴻章入粵和進京即是如此。在此時期，形成了一種不成文的規矩，即途徑香港的來粵重要官員，會登陸拜會港督或其他港英政府高官並稍作停留。

兩廣總督是清代管理廣東的最高行政長官，但其中曾來香港又是翰林者只佔極少的比例，因為粵督一職也並非全部翰林出身，李鴻章可能是其中最有名氣的一個，儘管他在粵督的位置上任期不到一年。隨後的總督之中，還有一位翰林張人駿（1846－1927）也曾訪港。

張氏為同治七年（1868 年）進士，選庶吉士，授編修。歷任給事中、監察御史。光緒中葉，任廣西桂平鹽道，歷廣

| 張人駿抵達香港碼頭登岸留影

西、廣東、山東布政使，漕運總督、山東巡撫、廣西巡撫等
職。光緒三十三年（1907年）接替岑春煊擔任兩廣總督，
宣統元年（1909年）五月，調任兩江總督兼南洋大臣。民國
十六年（1927年）在天津逝世，卒年82歲。遺疏入，頒御
書「忠貞清亮」匾額，賜祭一壇，予諡文貞。

　　張人駿到香港的時間是宣統元年（1909）七月十四日，
據《華字日報》記載，張總督的訪港行程是：

> 　　先從水面往拜水師總兵，十點鐘在招商局碼頭
> 登岸，十二點拜鎮港將軍，隨拜港督。即午港督在
> 府邸請午膳，三點鐘應太古洋行之請遊船塢，在船
> 塢中茶會。七點半鐘赴華商會所公宴乃回船。次日

赴高大臣行轅早膳，十五日動輪北上。

從行程看，張太史短短一天半的行程非常緊密，除了
會見港英政府和駐港英軍官員，還會見了港商代表和華商
會員。值得注意的是粵督很注重在英國土地上保持自己的身
份，他從中國人管理的西環招商局碼頭登岸，並且當日晚上並
不留宿港島，而是回到船上住宿。

儘管北上南下途徑香港是必經之路，然而並非所有的粵
督都選擇停留，如張人駿的前任，另一位有名的粵督岑春煊
（1863－1933），他在離任時，香港華商曾經籌備了大型宴
會，岑卻以身體欠安為理由，沒有下船。除了輪船，火車則是
當時另一種帶來革命性轉變的交通新工具。晚清鐵路建設情況
非常複雜，有洋人辦理，有私人辦理，也有官商合辦等。其
中順德籍的翰林梁用弧（1874－1923）就曾因查辦鐵路多次
訪港。

梁是廣州府順德縣人，光緒十九年中舉，光緒二十四年
（1898）進士，同年五月，改翰林院庶吉士。光緒二十九年
散館，着以部員屬用。宣統二年，任郵傳部員外郎。民國六
年，張勳復辟，曾擔任郵傳部左丞。他主要的官場經歷，都與
交通有關。

清廷籌辦粵漢鐵路經過極為複雜，股權也經歷了多番變
化，當時因資金困難，粵督張之洞曾經向香港的英國銀行借
款，並發行股票以籌集。光緒三十四年（1908）秋天，因有
人在粵港兩地謠傳說粵漢鐵路內部有人將股銀私放借貸，導

順德梁用弧故居，他是名儒梁廷相的後人。

致粵漢股價下跌。負責交通的郵傳部特派梁用弧來粵查辦此事。因梁太史是順德人，熟悉粵情，郵傳部多次派其到港督辦鐵路事項，他最後一次以官方身份訪港在宣統二年，《華字日報》報道曰：

> 梁用弧又訪港　二十七號晚，郵傳部員外郎梁用弧搭播寶輪船抵港，現寓上環南北行廣吉祥號，聞此行是為接檢事龍建章云。

龍建章（1872-？）與梁太史同鄉，是順德大良望族龍

| 九龍廣華醫院牌匾，黃玉堂書於宣統三年。

家的後人，光緒三十年進士，同在郵傳部任職，後來北洋時期還做到了交通總長，光緒朝成立的郵傳部，從上到下多有粵人身影，以致北洋時期的交通系也主要是粵人天下，此乃後話。

宣統一朝雖然短暫，卻是香港經濟迅速起飛和粵港兩地交往日益頻繁的年代，廣九鐵路的開通，輪船班次的頻密，使兩地加速融合，香港的社會地位也得到提升，其中表現之一，就是很多機構請到了翰林太史題寫匾額。

昔日太史地位高，不輕易給人題寫匾額，往往只限於祠堂之用，用於寺院者，多數是名山，很少用於其他機構，更遑論商業招牌。但隨着近代城市商業發展，請太史們寫門額成為光緒以來流行的裝飾和宣傳手段。我們考察香港最有影響的華人團體東華三院，則會發現他們在同治年間初創的時候，請的是廣州學者番禺陳璞為其題門額，至今保存在上環醫院正門。但後來再新建的兩家醫院，正門包括對聯都由翰林書寫，說明東華的地位一直在提升。

宣統三年，由於九龍一帶發展迅速，居民已經非常密集，然而九龍還沒有一家華人的大型醫院，因此東華醫院向港督申請開設另一家慈善醫院廣華醫院正式在該年成立，有床位七十

張，總督盧押（Lugard）親自剪綵及主持，醫院大堂正中，懸掛着一方氣勢龐大的金漆黑字木匾：廣華醫院，辛亥仲夏之吉，黃玉堂書。下有兩方印章及「香港合利林焯建造」字樣。

黃玉堂（1841－1913）字仙裴，祖籍順德，居於香山，同治十三年（1874）進士，授翰林編修，光緒五年任陝西學政，從學政退職之後，閒居廣州，甚得張之洞等敬重。清末民初時擔任香山商會會董職務。由於經常參與香山籍商人的應酬調節等活動，黃太史經常往來於粵港之間，並在香港的香山籍商號中小住。此匾即當時東華值理所請書寫，楷書大字端莊華貴，歷經一百多年，保存完好，是東華現存牌匾之中具有代表性的一方，值得注意的是，光緒之前，香港的牌匾對聯雕刻絕大多數都由省城即廣州的商號包辦，但此匾的香港牌記則說明，宣統朝開始香港本地的各行業已經非常齊備，不假外求了。黃太史與東華的關係非常密切，除了書寫廣華的招牌之外，還應東華之請，題寫了東華管理的上環「百姓廟」即廣福祠的正門對聯，這座祠是咸豐年間為了收留瀕危的華人病人和安置亡故華人靈位而設的廟宇，光緒乙未（1895）東華將此廟重修，在廟正門兩側刻有黃玉堂所撰寫楷書對聯一副。我們如果細心觀察一下，咸豐年間始建此廟時，廟的門額由名不見經傳的「南海楊紉蘭」題寫，三十年之後重修，已經由翰林題寫門聯，可見此間社會地位的增長。

道統南來
辛亥之後的南渡遺民

就在黃玉堂太史給廣華醫院題寫氣派非凡的牌匾不到一個月，鞭炮的碎紙還沒全褪色，大清的山河已經風雲密佈，進入了倒數階段。

宣統三年十月，武昌起義爆發，各地獨立和革命黨人的活動日趨頻繁。陽曆十一月，廣東本地的氣氛已經極度緊張，末代粵督張鳴岐拒絕與革命黨合作，負責維持廣州市面秩序的大紳，當時以三位大老最為廣州人所熟悉，即太子少保鄧華熙，還有張之洞的幕僚梁鼎芬和江孔殷兩位在籍翰林。

11月9日，廣東省諮議會在廣州議場宣佈，廣東全省「共和獨立」，張鳴岐原本被「推舉」為廣東督軍，後來他逃亡日本，由革命黨人胡漢民接任。梁鼎芬和江孔殷積極維護廣州市面秩序，在獨立前，廣州市內風傳革命黨入城後會屠殺滿人，一時人心惶惶，很多市民搭乘新開通的廣九鐵路逃到香港。梁鼎芬親自在城內安撫民眾，並自己書寫白紙黑字木板，說自己家「不遷一人，不搬一紙」，起到了安定人心的效

果。江孔殷（1864－1952）則是新進翰林，但是當時擔任清鄉督辦，人面廣，與革命黨和官場都能圓通，手上又有民軍力量，他在廣州光復過程中也起了一定維持秩序的功勞。

遠隔百餘里的香港，對廣東的時局自然十分關注。香港雖然當時已經開埠半個世紀，逐漸成長為華南的大城市，然而無論在文化還是經濟上，她仍然從屬於廣東省城，當時的報紙，廣州新聞佔的篇幅比香港本地新聞還要多。廣東光復消息傳來，香港市民萬眾歡騰，香港和九龍新界各地，鞭炮居然全部斷市，以致港督和輔政司要出告示，禁止市民日夜不停地燃放爆竹，香港市民苦恨清政府的暴政，可見一斑。

從辛亥革命開始，徹底改變了香港的文化生態，即清代遺民從過去的遊客變為居民，也帶來了中原的正統文脈。

| 1911 年底廣九鐵路開通，這是當年 2 號蒸汽機車到達車站場景，很多遺民通過火車南渡香港（圖片來自港鐵網站）。

以往談論清遺民南渡香港的文章和書籍，大都語焉不詳，以「辛亥革命後移居香港」一句帶過，因為清遺民的南渡時間，是一個較難考索且為時較長的過程。

筆者檢索了文獻，發現這一批以翰林群體為代表的清遺民南渡，其實並不集中於辛亥到民國元年（1912）之間，他們移居香港有一個從觀望到定居的過程。與 1949 年大陸到台灣情況不同，香港與廣州兩地之間，宣統三年已經開通了廣九鐵路，最短只需兩個多小時即可到達，且粵港兩地之間，當時交通一直沒有中斷，清遺民到港，有逃難的心態，也有私人原因，但其中比較共同的一點，則是「義不帝秦」，不願在民國的土地上生活，與天津上海的清遺民移居租界的情況約略相似。從 1912 年到 1930 年，香港大約集中了進士和翰林超過十人，其他未獲得進士功名者尚未計入，香港成為繼北京、上海、廣州之後第四個聚居清遺民最多的城市。

移居香港，對於這些昔日玉堂金馬的翰林太史們，並不容易，一方面，他們必須適應全新的生活方式，另一方面，在英國人的統治下開始生活，在心態上更難適應，這種微妙的心態，反映在每個人的文字流露上也頗有意思，我在下文再細論。

目前從新聞上能得到的太史南渡資料不多，辛亥年 11 月 1 日，《華字日報》刊出一條消息，說江孔殷家眷已經來港，當時離廣東宣佈光復還有數天，熟知內情的江太史已經安排好家眷的退路，可知當時權貴的心態如此。廣東光復次日，梁鼎芬經香港搭乘輪船到達上海避居。當時閒居在廣州的探花陳伯陶，則在民國元年（1912）3 月移居香港，卜居在南宋行宮附

| 光緒乙巳年間一同入直南書房的四位翰林，右起陳伯陶、張亨嘉、吳士鑒，袁勵準，選自《陳伯陶紀念集》。

近的九龍城。至於其他的幾位太史，從報紙記載可知，辛亥年的十一月初，幾位後來活躍在香港的翰林，周廷幹、朱汝珍、溫肅和賴際熙，他們當時還在京城發佈電文，欲維持清廷的統治，可知他們最早也在次年開始才陸續抵達香港。而目前可知，最早南渡的是張學華，吳道鎔等老一輩的翰林。

香港在開埠之後，第一次迎來了如此大規模的昔日名流南遷，要知道，這些清遺民都是此前的高官、名宦，平日要見上一面，絕不容易。就像此前張德彝途徑香港所見到的那樣，李文田來一趟香港，首富李陞即設宴作陪。在清末的市民心目中，翰林太史猶如文曲星在世，一直是尊貴的象徵。

這些遺民得以在短時間內適應香港的生活，與本地的富商和同鄉勢力關係頗為密切。其中最主要的贊助者，是香港上

流社會中仰慕太史的風雅商人如陳步墀，利希慎，還有何東等人。他們對於太史的揄揚和恭敬，使英國人也注意到這些具有影響力的前清遺民並加以優禮，此乃後話。

晚清人的太史崇拜，可以從以下的採訪記錄中見到一斑，筆者採訪賴際熙太史的幼子賴恬昌教授（1925 年生）時，他回憶起父親當年經常出席香港富商的各種晚宴：

| 賴際熙在檳榔嶼與華僑會晤

爸爸喜歡喝酒，尤其是洋酒白蘭地，當時白蘭地是很貴的，他幾乎每天晚上都有宴會，有時候也帶上我。為什麼那麼多商人喜歡請爸爸喝酒，因為那時候沒有信貸評級機構，要商業借貸時，只要問一下賴太史，某某商號是否可靠，爸爸含糊的說一句「應該沒問題吧（原文粵語：都怕得掛）」，馬上借款就到手了。

　　同樣的情況見諸鄧又同先生的回憶，他說民初香港華資銀行剛剛創立，很多人寧可把錢交給太史公，讓其代為投資生利息。「信太史公不信銀行」，這是當時普遍的個案。同樣是洋人的地盤，澳門好歹還出了一個本土的李翹燊太史，香港開埠以來，華人卻一直欠缺有影響力和公信力的名人，辛亥之後，一下子來了如此多的翰林，本地上流社會頓時熱鬧起來。香港的文化教育，乃至於禮儀教化，也從此邁入一個新時代。

所南心史

遺民的隱居著述

　　香港開埠以來到辛亥之前，有七十年時間，但是要說文化，那只是浮光掠影，只有匆匆過客的幾篇詩詠，並且大多數是以遊客的眼光看香港的華洋雜處。歐洲人來到香港，留下了不少以科學眼光研究華南地理、生物、歷史的作品，均以英文寫作。中國作者的文章，有保留價值者，多數限於政論作品，中國文人與學者在香港開始著述，是從辛亥之後的清遺民開始的。

　　香港歷史上首位有影響的本土學者，當數陳伯陶太史（1855－1930）。陳是東莞鳳涌人，東莞與新安一向有密切來往，他是光緒十八年（1892）探花，師從兩位廣東大儒，陳澧和李文田。高中探花之後，他曾經官至江寧提學使，在端方手下做官。辛亥之前，他厭倦提學使的官職，已經回到廣州。民國元年初，帶着母親從廣州移居香港，住在九龍城土瓜灣一帶，因地名有「瓜」字，以漢代東陵侯種瓜東門外自況，號「瓜廬」，又號「九龍真逸」。

陳伯陶在香港隱居時間差不多二十年，並且他一生中留下的重要學術作品，差不多都是在香港寫作的。他曾經師從名儒，有深厚的經學和史學功夫，在隱居生涯中，他除了依靠自己的藏書，還向同時移居的遺民們借閱各種參考書籍，寫出了幾部流傳今日的重要史籍。其中尤以《勝朝粵東遺民錄》與《東莞縣志》最有價值。

《勝朝粵東遺民錄》完成於 1915 年，是一部傳記體裁作品，收錄了當時能夠找到資料的全部明代廣東遺民傳記兩百九十多條，全書貫穿了「粵人敦尚節義」之思想，流露出其對粵人忠節高風的敬重之情。作為此書的姐妹篇，陳伯陶又編有《宋東莞遺民錄》，記錄東莞一地宋元之際遺民的史料。還有《明季東莞五忠傳》等，可以說形成了一個遺民傳記系列。

陳伯陶這幾部遺民著作，對於探究其忠節觀之形成、特點，以及他作為滿清遺民對自己忠節觀念的履行和其背後的深層意義有重要參考價值，富有代表性和時代意義。在《勝朝粵東遺民錄》序中，陳伯陶特意點出：

> 明季吾粵風俗以殉死為榮，附降為恥。國亡之後，遂相率而不仕不試，以自全其大節。其相勗以忠義亦有可稱者。

這一段可謂夫子自道。事實上陳探花確實是居港清遺民中的表率者，不僅不做民國政府職務，不接受當時粵中官僚如龍濟光等的招徠，在居港時也不出席各種應酬，除了慈善和宗教

活動，報紙上幾乎見不到他的身影，確實不負「真逸」之名。

1916 年，東莞縣因久未修方志，蘇覺邁推陳伯陶任總撰，發起重修，陳乃提議取東莞當地頗有勢力的明倫堂資金，選取東莞自雍正末年以來以至宣統年間的典故、人物等，修成了新《東莞縣志》九十八卷，又因明倫堂產業多數是沙田，即珠江口因沖積而成的土地，又增加了《沙田志》四卷，共一百零二卷，東莞養和印務局承印。因陳伯陶的堅持，此志扉頁由他親自題寫，年款書曰「宣統三年重修」，而實際印成時，已是 1917 年的事了。

陳伯陶還撰寫有《瓜廬文賸》與《瓜廬詩賸》，所收錄多有在香港創作的詩與文章，又有經學作品《孝經說》，這三部

陳伯陶《孝經說》，這是目前所見刊印於香港的最早經學作品之一。

作品均在香港印行，是香港本地文獻中的開山之作。與辛亥之前的遊歷作品不同的是，這些詩集中大部分作品在寓居中寫作，在香港印行，這是香港的文學史上重要標誌事件。

如前所述，翰林在國史館中接受過系統的修史訓練，因此很多辛亥之後的廣東地方志，仍按舊俗聘請清遺民中的太史擔任總撰，現存廣東方志中，在香港編寫而成史較早的，還有賴際熙太史所撰《赤溪縣志》。

賴際熙（1865－1937）字煥文，號荔垞，廣東增城人，光緒癸卯（1903）科翰林編修，辛亥之後，他移居香港，並且成為香港客家籍人士的領袖人物。早在民國四年，廣東省新編《廣東通志》，賴已擔任撰修一職。

赤溪即今日廣東台山一帶，本不屬傳統上客家區域，賴際熙所撰寫的《縣志》中有〈開縣事記〉一篇，長達兩萬四千多字，其中重點提到清代咸豐同治年間，因赤溪沿海多土地，廣東地方政府實施移民，從惠州，梅州與福建一帶，舉家搬遷來台山沿海居住的人，由於與本土的台山話不一樣，故被稱為「客家」云，這是迄今經常被引用的客家一詞來源的較早確證。《赤溪縣志》共九卷，篇幅不長，於民國九年（1920）成書，由吳道鎔太史（1852－1936）題寫封面扉頁。

賴際熙另一部重要的方志是他家鄉的《增城縣志》，由於此前賴太史已經參與了新版《廣東通志》的編寫，手頭資料豐富，因此他繼《赤溪縣志》後又以一年時間完成了家鄉的新縣志。此志的編寫，與之前乾隆舊志的最大差別，則是一改過去對於佔增城大部分人口的客家人士的觀感與體例，將客家風物

| 賴際熙《赤溪縣志》扉頁，吳道鎔題簽 | 朱汝珍所主編《清遠縣志》扉頁 |

與人物提到重要的位置上，也成為今日重要的客家文獻之一。

1934 年，廣東清遠也發起了重修《清遠縣志》的工程，其主事者是當時隱居香港的榜眼朱汝珍（1870－1942）。

朱汝珍字玉堂，號聘三，清遠人，光緒三十年甲辰榜眼及第，也是中國歷史上最後一次殿試的一甲翰林。他曾經派留學日本學習法政，回國後一度擔任光緒《德宗實錄》纂修官，辛亥後還留在遜帝的內廷，但不久因與其他遺臣的爭鬥而避居香港。

朱汝珍在居港太史中較為年輕，且科名較高，因此擔任許多社會公職，他熱心鄉梓，香港的清遠公會推舉他擔任領導職務，對於修志一事，更是不遺餘力。新修的《清遠縣志》記錄清代光緒到 1930 年代前的事跡，共二十一卷，十多萬字。新志於 1935 年修成，與陳伯陶的堅守不同，朱汝珍眼光比較

開明，儘管新志在體裁上仍然堅持清代修志的體例，文字也還是文言文，但是新志的扉頁上已經大書「民國二十五年重修」字樣了。

除了方志，太史們在香港也完成了很多文章與詩詞創作，成為香港文學史上開篇的章節。現存的多位遺民詩文集如吳道鎔《澹庵詩存》，張學華《闇齋稿》等收錄很多寫於香港的詩篇，由於包含興亡之感，這些作品具有很強的感染力。另外香港不少廟宇祠堂等地，也保留了太史所撰寫的碑文，這些是將來香港文學史上應重點關注的素材。

海濱弦歌
清遺民在香港文化活動

　　每一個城市，其文化興起，必須有一定的領軍人物，即所謂總持風雅者。昔日的香港，從一個漁村，逐漸變成繁華的東方都會，然而在文化上，這裏的華人，一直缺乏風雅之士。港英政府對於華人文化教育幾乎是放任不管，也沒有具體的文化發展政策。在經濟起飛之後，華人對於文化的需求，其實一直非常強烈。晚清以來，廣府人已經取代本土原住的客家人，成為這片土地上比例最多的居民，與之相適應的，是廣府的翰林在這裏知名度日益提升。前述光緒朝經常來往香港的幾位翰林，無一例外都是廣府人。辛亥之前，香港的文壇已經出現風雅的萌芽，當然，這些文化活動，都必須借助廣府名人的「加持」。在宣統三年（1911）4月初，香港《華字日報》刊登了一則徵聯廣告頗有意思：

香港咸靈頓街小蓬萊酒店第二場徵聯

江少荃太史評閱

茗煮九龍泉運自白雲小店蓬萊香海創

首名：酒沽中馬路醉過新市太平簫鼓上環來

批　：集用香江本地名詞，不失本地風光，縈拂有
　　　情，亦不失夾硬牽拉，以其用意切近，可供酒
　　　樓張掛，故拔置之。

　　江少荃太史，即前述晚清時期粵港兩地赫赫有名之江孔
殷是也，他既是翰林出身，又是富商兼美食家，還是詩鐘對聯
的忠實愛好者。清末民初的粵港徵聯，時常請他擔任主評。
這副對聯上聯可能也出自他的手筆，試看「茗煮九龍泉運自
白雲」，指的是廣州城北最有名的第一泉白雲山上的九龍泉，

| 港島皇后大道中，約 1900 年。

昔日廣州茶樓均以每天新鮮供應九龍泉水為號召。若放在今日，香港文化人大抵不知道此典故。下聯嵌入香港地名，中馬路即皇后大道中，與酒樓所在的威靈頓街非常接近，新市是今日中環街市附近，上環之名今日尚存。文中的「批語」是江太史所批，「夾硬」為粵語，即生硬。「拔置」更是科舉時代主考的口吻了。此聯作者署名「旅港何少楊」，昔日文人居港，都以旅港自況，意思是暫棲此地而已。

從宣統三年的這則徵聯看，當時香港的文化活動，還只是省城的附庸，但自太史南來，在一群碩學名儒的倡導下，香港的文化終於接上了正軌，這片海濱之地，正如九龍城寨龍津義學對聯所說，「一洗蠻煙蛋雨」，有趣的是，世局雖經巨變，這班遺民們所要弘揚的，仍是傳統的思想和文化。

民國初年，在香港舉辦的最有名的文化活動，當數 1917 年春日，由東莞文人蘇澤東（1858－1927）所倡導的「宋臺秋唱」雅集，這也是香港歷史上首次有記錄的著名文人聚會活動。

雅集是中國古代文人相聚的一種文化活動，通常以某一風景名勝地或某一主題召集文人參與，雅集過程中有詩詞創作，書畫作品等留存。從北宋開始，即有各種著名的雅集記錄，如米芾李公麟等參與的「西園雅集」，明末廣東的「黃牡丹雅集」等。蘇澤東是東莞人，自稱蘇東坡後裔，功名並不高，然而他在 1916 年，受東莞方志局的委託，協助陳伯陶編撰《東莞縣志》之餘，每日流連陳伯陶所居住的九龍城一帶。這裏是昔日的一片海邊平地，當時有一條古老村莊，名為二王殿村。陳伯陶自卜居於此，遂生考據之心，終於找出古書記

| 獅子山下九龍城一帶，約 1920 年。

載，這裏原來是南宋行朝駐扎之地，故以二王名村。蘇澤東遂作為召集者，相約以陳探花為首，在 1916 年的秋天，一起舉行雅集為東莞宋遺民趙秋曉慶祝冥誕。

　　早在雅集舉辦的一年前，此處重要古跡所在的宋王臺曾經有過一番擾攘，全靠諸位太史保存之功，即陳賴兩太史守護宋王臺的行動。有關這件事情，在賴太史的學生李景康所撰〈紀賴際熙等保全宋王臺遺址〉一文，詳記其事。其文曰：

　　　　民國元年，增城賴煥文（際熙）太史任教於香港大學。同時，東莞陳子礪（伯陶）太史，僑寓九龍城瓜廬。兩先生交誼素篤。煥文先生有暇，輒渡海過訪於瓜廬。其時予肄業大學文科，間或隨行。清談

片刻，相與躑躅宋臺遺址。兩先生徘徊瞻顧之餘，輒興異代相感之思。一次，且邀李瑞琴君同行，頗有保全古跡之想，而未及切實籌商也。某年七月，工務局佈告將宋臺遺址出投。瑞琴君向業建築，且營地產，以是詞知最早，亟走告煥文先生。先生乃致電大學副監督伊理雅爵士，請其致電梅督，收回成命，俾得保全古跡。蓋其時副監督乘暑假之便，往遊北京也。梅督許其請，宋台遺址，遂獲保全。迨副監督返港，工務局長提議：古跡雖宜保全，惟其地遼闊，究宜劃定地段，俾界外公地，仍可開投，以重庫收。賴太史乃轉商李君瑞琴。李君毅然以捐建石垣自任。華民政務司夏理德，旋奉命會同工務局長踏勘宋臺遺址，劃出地段數畝，前臨公路，後臨海灘，左右相距若干丈，定為疆界。瑞琴君遂沿界捐建石垣，且於路旁建立牌坊，俾便遊人登覽，子屬太史爰撰《宋王臺新築石垣記》，煥文太史書之，以碑文託付瑞琴君，以資泐碑。寢假夏理德退職返英，陳賴兩太史亦先後捐館。（下略）

這次事件，是香港歷史上第一次由民間發起的保護文物行動，其意義非常重大。也由此可見，太史們保存文物與文化，確實是不遺餘力。這次雅集，參與者都是客居香港的清代遺民，其中翰林佔了七人，除了前述陳伯陶，賴際熙兩位之外，還有以下幾位：

（1）吳道鎔（1852－1936），字玉臣，番禺人，光緒六
　　　年翰林。

（2）張學華（1863－1951）字闇齋，番禺人，光緒十六
　　　年翰林。

（3）張其淦（1859－1946）字豫泉，光緒二十年恩科翰林。

（4）伍荃萃（1865－1934）字叔葆，新會人，光緒十八
　　　年翰林。

（5）丁仁長（1861－1926）字伯厚，番禺人，光緒九年
　　　翰林。

以上諸太史，留居香港時間有長有短，例如張其淦多居
住在上海，張學華吳道鎔在港澳兩地均有停留，陳與賴兩位則
長居於此。這次雅集參與者，除了七太史，還包括蘇澤東，汪
兆鏞（1861－1939），梁又農，而後續的和詩者，還有黃映
奎，黃慈博等人，雅集的陣容，即使在民初文壇上，也是一時
之選。

雅集的場所，九龍城宋王臺，也是經過精心挑選的場

| 陳步墀題「宋臺舊址」牌坊字樣

地。這裏的一座小山上，有一塊凸出的巨石，上有嘉慶年間所刻「宋王臺」大字，記載於《新安縣志》，傳說中這裏是昔日南宋君臣駐扎之地。賴際熙的好友，富商李瑞琴不久前還出資整修了登山的步道和巨石旁的石欄杆。遺民們選擇在這個充滿了宋季歷史沉澱的所在舉行雅集，其寄託之意特別明顯。

吳道鎔在《宋臺秋唱》序中特別點出：

> 丙辰秋，真逸以祝宋遺民玉淵子生日，大集同志於茲臺，蓋痛河山之歷劫，懷斯人而與歸，其歌有思焉，其聲有哀焉。昌黎所謂曠百世而相感，誠不知其何心者非耶。

蘇澤東的序言中無意中指出了這次有意義的活動對香港文化的影響：

> （前略）七百載，有真逸山人（按即指陳伯陶）僑寓其中，訪殘碑撫遺跡，發思古之幽情，撰《宋遺民錄》告竣，並祀玉淵子生日，表彰潛德。……（中略）一時遺臣耆舊，聞風雅集，唱予和汝者數十人，苔岑寄念，笙磬同音，於是林蠻洞蛋之鄉，儼有汐社谷音之雅。

汐社是宋末元初著名的遺民社團，這裏以汐社作比，希望遺民的詠歎能在這片「林蠻洞蛋之鄉」長存。

| 《宋臺秋唱》中的伍德彝畫宋王臺圖

　　1917年春，《宋臺秋唱》徵詩告竣，由蘇澤東編輯，粵東編印公司承印，此書由張學華題簽。為繼承古代雅集必繪圖的傳統，特請名畫家伍德彝（1864－1928）作《宋王臺秋唱圖》一幅於卷首，圖中青山隱隱，巨石聳立，山下疏林茅舍，應該就是陳太史隱居的瓜廬所在。

　　詩作以陳伯陶首唱，按宋趙秋曉詩四首為韻。這次雅集的規模空前，從各地寄來唱和作品的有幾十人之多，遠至福建，廣西均有作者，粵籍詩人之中又以東莞籍文人佔多數。

　　陳伯陶以九龍宋代史跡作抒發遺民心情的雅集，很多當時文人也紛紛跟隨。就在此次歷史性的雅集之後不久，陳的弟子，著名富商陳步墀（1870－1934）亦以此為號召印行了《宋臺集》。

陳步墀是香港清遺民中較為重要的人物，與諸位太史的關係可謂魚水相得。陳氏生於廣東澄海，字慈雲，號子丹，其家族早年即到達香港經商，在上環文咸東街開設乾泰隆號米業，並自設輪船業務，其族兄陳慈黌更是赫赫有名的富商。清遺民都稱呼他陳子丹，子丹對於清室可謂忠心耿耿，雖然功名不高，是他一生的痛處，但他每逢過溥儀的萬壽節，還有其他清室的重要節慶，大婚等，都不惜重金送禮致賀。當時留在香港的清遺民，都與遜清皇室保持密切聯絡，每逢節慶，陳子丹例必送上禮金，遜帝溥儀也投桃報李，不僅御書「寒木春華」匾額以示嘉獎，還授以「頭品頂戴」的加銜。

| 陳步墀《繡詩樓叢書》之謄
清稿本，準備印書的樣本。

早在辛亥之前，陳子丹已經遠赴東莞廣州等地，對居粵的太史執弟子禮。辛亥後眾太史南來，陳子丹更是出錢出力，為一眾遺民的生活和活動提供幫助。師傅陳伯陶的許多著作，如《孝經註》等，都由陳子丹出資印行。遜清皇室的其他活動，例如宗人府，實錄館缺少資金時，陳即通過太史們的渠道大手筆援助。

　　陳步墀在宣統到 1930 年代初陸續印行了一套大型廣東文化叢書，叫《繡詩樓叢書》，繡詩之名，是 1908 年廣東沿海大雨成災，陳寫了號召捐資救災的〈救命詞〉三十首，傳誦一時，還有仕女將其繡成長卷，得金全部捐給災民。當時訪港的名流楊守敬聞此義舉，題寫「繡詩樓」匾額以相贈。

　　《繡詩樓》叢書數量達三十六種，多數在辛亥之後出版。其內容均為廣東籍的文人作品，包括詩詞，文集，和少部分的書法繪畫作品等。其中包括很多居港太史寫給他的書信，集為《尺牘集》，這也是廣東清代富商的一種風雅傳統。早在道光咸豐時期，海山仙館主人潘仕成已經刻有類似的書信集《尺素遺芬》。陳子丹的這批往還書信，記載了很多當時遺民們在香港的生活片段。叢書的大部分題簽，均出自太史們的手筆。最值得稱道的是陳與賴際熙太史友情之親密，他們甚至相約如其中一人先過世，後死者當為其撰寫墓志銘。結果陳子丹先於 1934 年去世，賴際熙即撰寫了情誼真摯的銘文，收錄在賴氏《荔垞文存》中。

　　《宋臺集》是叢書的其中一種，宋王臺因陳伯陶的大力倡導，一時成為香港的名勝，在遊覽之後，文人們多聚集於山下

蒲崗村的「暘和室」休息用餐，這是文人曾兆榮的別墅，在這裏留下了很多詩詞文稿，於是陳子丹請畫家劉揚芬繪《宋臺圖》，並將這些詩詞印成一集，作者包括賴際熙、姚筠、陳步墀等遺民。

原本寂寂無聞的宋王臺，經過陳伯陶等人的宣揚和修繕，在抗戰前成為九龍最多遊人的熱門景點，可惜抗戰中，日本人要修建機場，將宋王臺所在的小山削平。當時日本人為了安撫香港市民情緒，就在巨石上用工具鑿下帶有「宋王臺」和嘉慶年款的部分，動工的時候，還舉行了佛教儀式，鑿下的石刻約重兩噸左右，放置於今日宋王臺道一帶，後來建成小公園，昔日的宋帝痕跡，今已很難尋覓了。

清遺民在香港詩詞創作，除了開創性地舉行雅集之外，另一項重要成果是組織詩社，其中創辦於 1931 年的「正聲吟社」影響甚大。

香港辛亥之前，並沒有詩詞創作團體，1912 年起，陸續出現小型的文人結社，定期舉行雅集創作。早期比較有影響力的，如蔡守（1879－1941）與勞緯孟等人在利希慎的北山堂舉辦的北山詩社，但由於北山詩社成員多數為南社中人，故鮮有遺民參加。1925 年北山詩社因省港大罷工而結束，部分成員與清遺民一起成立了正聲吟社。

正聲的創社社員，包括有桂坫、賴際熙、溫肅、朱汝珍、區大原、談道隆等。其餘多數是香港報界中人，與其他詩社略有不同的是，正聲詩社以詩鐘作為主要創作體裁。詩鐘是晚清詩壇流行風尚，即對聯創作，題目兩字或兩事物，要嵌入

對聯不同位置，並且評定優劣。廣東的詩鐘風氣，源自於張之洞時代，正聲的詩鐘創作，由於有諸位太史為之宣傳，不僅香港詩壇，甚至連北方的遺民也參與投稿。

正聲社早期活動，並不是全體社員一起參加，而是少數社員活動，題目則公開讓市民投稿，由於香港活動場所不容易尋覓，故雅集多在酒樓。如《工商日報》1931年5月，曾報道正聲在西環中華酒家雅集，到會者有賴際熙溫肅兩太史等。

正聲吟社出版有《正聲吟社詩鐘集》，收錄有參加者的不同格式作品，作為抗戰前影響力最大的詩詞組織，正聲吟社的影響，可於《華字日報》1936年2月16日詩社六周年的記載中得見：

> 本港正聲吟社，自民國辛未開始，已六載於茲，計前後參加者如溫肅、賴際熙、朱汝珍、區大原、江孔殷、桂坫、北平劉春霖、李家駒、張啟後、商衍鎏、何國澧、程宗伊、高毓彤、朱元樹、葉先圻、王大鈞、章一山諸太史、褚民誼、江亢虎博士、張雲飛、張秋琴、謝友聲等百數十人。最近參加者，有利樹宗等。

這份名單開列了曾參與正聲社徵稿的名士，除了居港太史，其他成員包括了當時北京上海的遺民圈中重要成員，甚至還有褚民誼、江亢虎等政要。張雲飛和張秋琴等則是昔日北山詩社的骨幹。這樣龐大的陣容，在香港詩史上不僅空前，也是

絕後。

　　清遺民對於香港中文教育，尤其是高等學府中的中文教育，具有開創之功，我們下文再予介紹。遺民們之所以熱心辦學，除了出於中國傳統的有教無類儒家傳統外，還有值得指出的一點，即他們目睹世界發生天翻地覆的改變之後，想盡一點自己的微力，保存昔日文化於海濱。因此他們舉行過很多公私場合的活動，這些「我愛其禮」的祭祀，正是他們保存文化的使命感體現。

　　1949 年 10 月 13 日（農曆八月二十二日），國民政府已大部分遷往台灣，廣東隨時失守，風雨飄搖之中，香港的「旅港南海九江商會」卻仍然舉行了一場隆重的集會，在香港的廣州酒家，他們聚會慶祝九江籍清代大儒朱次琦（1807－1882）冥誕。此次慶祝活動，由剛剛從廣州移居香港的桂坫太史（1867－1958）主祭。當日，廣州酒家門前高懸花牌：上書：旅港南海九江商會慶祝朱九江先生誕辰，二樓張掛朱氏遺像和香花水果。當天儀式上除了桂太史主祭，宣讀祭文，朱九江的再傳弟子岑光樾太史還賦詩祝壽。當日主賓還有朱氏另一位再傳弟子，康有為的學生盧湘父。桂坫在當日也賦詩以紀事，最後一句謂「馨香俎豆詞千厥，佑我神州五教宣」，足見此老的用心所在。數年後兩位太史先後下世，然而九江商會的祭祀活動一直堅持到 1983 年。

　　所謂「禮之所存，道之所存」，從他們堅守的古代禮法儀式上，我們也可以看出這點苦心。賴恬昌教授曾對筆者回憶，他對父親和遺民朋友的最深刻印象之一，是每年遜帝溥儀

| 賴際熙攝於香港，此照片場合未能考證，然而當是慶祝
遜帝某種活動，賴身穿朝服。

萬壽誕，賴際熙必召集遺民在一起，穿上朝服，焚香向北拜祝。這種極具儀式感的活動，除了表示遺民心態，還是一種文化情義的宣示。相鄰的小城市澳門，遺民汪兆鏞也會在每年的萬壽誕，相約居澳的張學華太史一同往普濟禪院上香，表示祝壽。相比之下，香港的遺民群體更形壯大，儀式感也更重。

今日看香港文化的特別之處，是保留了很多昔日舊日習俗禮節，現在多歸於「非遺」一類，其中很多禮儀，背後具有深厚文化內涵，是這些遺民們所帶來。晚清太史們經常受邀參

加的活動是「點主」和「開筆」，這兩種禮節，前者用於喪事，後者用於小童啟蒙入學時的禮儀。點主禮前面已經介紹過，另外點主時必須念誦一段自作頌詞，這種頌詞之佳者，時傳誦四方。例如賴太史同科的榜眼左霈（1875－1937）《日記》1936 年七月初二當日記載：

> 早，到羅便臣道程任宇家為其先人題主，詞曰：
> 明神得主，黍稷馨香。子孫萬代，長發其祥。

相比之下，小童的啟蒙禮更富有文化傳承意義。1957 年香港報紙先後報道了兩次由九十高齡的桂坫（南屏）太史主持的啟蒙活動。由於傳說中，太史們都是天上文曲星下凡，由太史們為準備入學的小童啟蒙，當然是榮耀之事。通常的程序，為幼童向老師行跪拜禮，老師則攙扶小童的手，描紅寫「上大人」三字，並教小童名字的寫法，小童再行跪拜，禮成。

1957 年 1 月，九十高齡的桂太史先為富商麥仲文的三子舉行了啟蒙禮，觀禮的嘉賓包括馮秉芬爵士等數十人。是年 12 月，桂太史又主持了另一慈善家陳樹桓兒子的啟蒙禮。當年《工商日報》記載說：

> 場面莊重肅穆，到場觀禮者有陳氏親友及本港名教授凡數十人。禮畢，太史談及啟蒙禮對兒童心智之影響，提及昔日伯南先生提倡孝道，今哲嗣能恪守遺訓，伯南有子矣。

桂太史在這裏特意向參加的香港學者講述了啟蒙禮的意義，其中提到的伯南，即近代風雲人物陳濟棠（1890－1954），其子陳樹桓，創辦香港德明中學，熱心慈善。陳樹桓留學美國，受西方教育頗深，卻仍然堅持為兒子舉行傳統啟蒙儀式，中國傳統文化的強大生命力，已經在香港這片土地上扎根。

海濱木鐸
香港中文教育的開創者

　　清遺民對於香港的文化開創之功，除了學術，最大的影響則是開創了中文高等教育之先河。

　　前文談及太史在港的文教貢獻，多舉學海書樓與港大中文系，這兩個機構，學海書樓創始較早（1923），然而考察香港高校的中文課程，則早在民國元年（1912），賴際熙已經登上香港大學的講堂了。

　　要談及香港大學的中文系史，則需先簡單回顧一下港大的歷史。港大由港督盧押任內倡導建立，由富商麼地（1838－1911）首先捐資十五萬港元，成為初始的基金。麼地與盧押是私交甚好的朋友，有了這筆啟動資金，盧押又發動太古洋行等機構捐資，政府劃出土地，港大的雛形呼之欲出。值得指出的是，當時的兩廣總督張人駿，也發動廣東富商捐資達二十萬港元，資助港大的建設，因此，港大從建校之初，可以說已流淌着中國的血液。

　　港大於 1911 年建成，1912 年正式招生，當時粵港兩

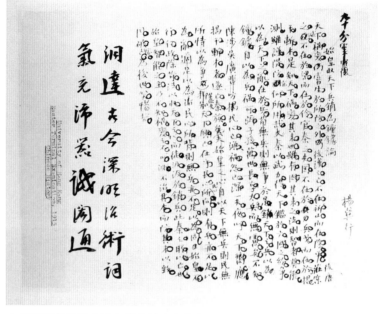

| 賴際熙親筆批改港大學生的中文作文

地的人並不以港大稱之，把她稱呼為「大學堂」，早在首屆
學生中，就開設有中文課程。當時港大設有文學院（Faculty
of Art），當時受聘為中文總教習的，是賴際熙與區大典
（1877－1936）兩位太史。區大典字徽五，南海丹灶人，與
賴太史同為光緒癸卯（1903）科翰林。

以往談及港大中文系，都從 1927 年創系開始，較罕為人
知的是，賴太史參與港大的中文教學和中文圖書收藏早在民國
元年已經開始。

香港中文教育的一個關鍵人物不可不談，即第十七任港督
金文泰爵士（Sir Cecil Clementi, 1875－1947），在歷任港督之
中，他是中文最好的一位，也對中國文化產生了濃厚的興趣。

金文泰早在 1899 年加入香港政府，早年歷任新界助理田土官、助理輔政司，行政立法兩局秘書、以及署理輔政司兼兩局當然官守議員等職。1915 年，賴際熙倡議香港士紳捐書給剛剛成立的港大圖書館，並編印了捐書目錄，在名單上就有一項：

類書《欽定古今圖書集成》一萬卷 目錄四十卷
考證四十八卷 雍正四年 敕編 金文泰君送

《古今圖書集成》是康熙朝編撰的一套大型類書，合共一萬卷，此書無標註版本，然而考察此書版本情況，雍正原刻本只印了十套，極為珍貴。重印本之中，清末只有上海同文書局曾石印一百套，然而又在上海倉庫中焚毀五十套，因此在 1900 年此書售價已高達一萬元，金文泰的慷慨在此可見一斑。

1925 年，香港與廣州爆發省港大罷工，在罷工期間立場強硬的港督司徒拔（Stubbs, 1876－1947）被英國撤換，為了緩解與中國工人的衝突，換上了當時被視為中國通的金文泰。金文泰此前曾調任錫蘭總督，他在 1925 年回到熟悉的香港就任，成為第二位由香港政務官出身的港督。

英國人在香港開埠後，一直沿用籠絡華人中的「上等華人」治理華人的方法，但開埠初年，華人中並沒有傑出的代表人物。辛亥之前，港英政府扶植的華人，大多數是李陞一類的富商，談不上有文化人。但這個局面到了金文泰時代開始有了重大改變。金督不僅熟悉中國文化，還跟隨賴際熙學習高級的中國古文，在他的提攜下，賴際熙等太史經常出席香港的大型

中國通港督金文泰爵士，他任內對於推動香港中文高等教育成績不俗。

官方活動，而且作為主要賓客，提升了整個香港社會尊崇中國文化的氛圍。我們比較熟悉的一段史實，見於魯迅《而已集》，其中有一篇〈略談香港〉寫道：

六月二十五日《循環日報》「昨日下午督憲府茶會」條下，就說：

「（上略）賴濟熙太史即席演說，略謂大學堂漢文專科異常重要，中國舊道德與乎國粹所關，皆不容緩視，若不貫徹進行，深為可惜，（中略）周壽臣爵士亦演說漢文之宜見重於當世，及漢文科學之重要，關係國家與個人之榮辱等語，後督憲以華語演說，略謂華人若不通漢文為第一可惜，若以華人而中英文皆通達，此後中英感情必更融洽，故大學漢文一科，非常重要，未可以等閒視之云云。（下略）」

我又記得還在報上見過一篇「金制軍」的關於國粹的

演說，用的是廣東話，看起來頗費力；又以為這「金制軍」是前清遺老，遺老的議論是千篇一律的，便不去理會它了。現在看了辰江先生的通信，才知道這「金制軍」原來就是「港督」金文泰，大英國人也。大驚失色，趕緊跳起來去翻舊報。

這段記載，最早發表在 1927 年 8 月 13 日的《語絲》周刊，生動展示了當年金督在港督府舉辦的各界茶宴上，賴際熙作為主賓發言的提要。從當日《循環日報》記載的金文泰答辭開頭，我們可以看到金督在致辭時先提到的嘉賓次序是「周爵紳，賴太史」，周爵紳即大老周壽臣（1861－1959），由英國授予爵士勳銜，賴太史以一介布衣緊隨其後，可知當時金督對賴的尊崇。雖然魯迅在文章中對賴際熙不無嘲諷，但在此次茶會發言中，賴太史對於在香港開設高等中文教育的奔走呼號，其熱情令人動容。

金文泰對中國文化的熱愛，與歷任港督有所不同。他甚至請賴際熙每週固定下午三點到港督府給他講中文課。現存賴際熙所寫信函中，有提到「每星期只教一日，不便告假，西人時刻復有一定，不能先後」云云。這裏所說的「監督」，是委婉之詞，因為香港大學規定由港督出任校監，所以賴際熙稱其為「監督」而不稱港督，也是為了予收信人一種「工作需要」的無奈之感。

金文泰也沒有辜負賴太史的進講，他沉迷廣東文化，甚至將道光年間著名文人招子庸（1786－1847）所著的歌謠集《粵

| 青山禪院「香海名山」牌坊由金文泰題名

謳》翻譯成英文，名為《廣東情歌》（Cantonese love songs）。
香港文人經常遊歷的另一處著名古跡，青山半山的青山禪院，
至今聳立着由他題寫的「香海名山」牌坊，已經成為當地的標
誌性建築。金文泰不僅為古寺題牌匾，他還學中國文人那樣經
常去古剎遊玩，就在魯迅提到的那次港督府茶會後不久，7月
12號，《華字日報》上就登載了金督遊覽青山的新聞：

> 金督由九龍乘汽車逕往，同車者為二先鋒（按
> 即衛兵），及至曹園，主事者即燃串炮，奏中樂以迎
> 迓。金督與眾人見面甚歡，隨即隨意散步園中，於
> 評閱書畫之餘，並釣魚為樂。金督極讚賞該園曲徑
> 通幽，綠蔭掩映，允為消夏勝地。正午十一時許，
> 主人設宴，一時接杯舉觴，（中介紹參加者略）直至
> 下午二時許，金督始乘車返港，園中復燃串炮，奏
> 中樂以送云。

曹園在青山腳下，由儒商曹受培建於民國七年，這位曹某來頭不小，他是番禺人，其父親曹秉哲（？－1891）是同治四年翰林，曹與諸位翰林一直保持良好的友誼，這次遊覽，同遊者除了華人代表，港府的高官包括正副布政司，新界理民府官員等，從「評閱書畫，讚賞曲徑通幽」來看，金督對於中國園林和書畫文化非常熟悉，此次遊覽也具有與新界士紳聯絡感情的含義，從報章的記載看，華人士紳對於金督無疑增加了不少好感。

　　前文已經說過，賴太史從 1912 年已經在港大教中文，又在 1915 年請金文泰捐贈了巨款藏書。賴際熙顯然對在港大建立獨立的中文系有了信心。有了港督的支持，賴際熙即着手開展籌備。1926 年，賴太史隨同港大校長康寧爵士（Sir William Woodward Hornell）往華僑聚集的南洋募捐。南洋一帶華僑，與香港華人一樣，對於太史公非常尊敬，這次南洋之行，得到華僑陳永，廖榮之等慷慨捐助了港幣四萬元，遂於 1927 年，正式成立了香港大學中文系，這是香港高等中文教育的開端。

　　賴際熙自創立港大中文系，即任系主任至 1932 年。在現存的 1927 年中文系校曆上，我們可以看到課程編排上，中文系的課程實際上包括了經學，史學，哲學等方面，這與古代對士子的培養方式是完全一致的。並不像今日中文系單純培養文學人才。例如三年級的課程包括：

經學：《儀禮》、《周禮》、《禮記》

以《十三經註疏》為主，參以《欽定七經》及
《五禮》通考

史學：注意歷代治亂興衰《資治通鑑》自南北朝起
至五代止《通鑑紀事本末》、《南北史》、《隋
書》、《唐書》、《五代史》（擇編講義）

注意歷代制度沿革

唐虞至宋疆域考、戶口考、財政考

以《九通》為主，參以《二十四史表志》有講義

文辭學：歷代駢文散文名著

　　以上只是大學三年級的課程，足以令今日博士生感到吃
驚。觀此可見賴際熙是以古代培養學者的要求來設置港大的中
文課，但這樣的設置，對於在英式中學教育下的香港學生無疑
過於深奧，也引發了五年後賴辭職的遠因。

　　港大中文系創建伊始，除了賴際熙，還有兩位太史先後
在此任教，時間比較長的是區大典，他與賴是 1912 年即在港
大教中文的同事，區大典還專門撰寫了《香港大學經學講義》
一書，署名「遺史」。另一位則是近代史上比較有名的溫肅太
史（1879－1939）字毅夫，號檗庵，他也是賴際熙癸卯科的
同年進士，他在港大主要教授哲學課程。但溫肅與兩位同事志
趣頗不相同，他醉心於復辟大業，所以在溥儀建立滿洲國之
後，他就辭職北上，與其長子一起加入溥儀的陣營。

　　賴際熙擔任中文系系主任直至 1932 年，由於課程設置過
於深奧，且偏重傳統的經學史學，招致了部分學生不滿。加以

| 1929 年 4 月 30 日，港大教授合照，前排左四為溫肅，左六為賴際熙。

賴際熙英語不通，無法在全部用英文召開的校務會議上與港大主事者溝通，金文泰又早在 1930 年調任離港，所以該年賴際熙辭去主任一職，繼承者是著名學者許地山教授。

賴際熙與太史們為香港中文教育奠下的另一功業，則是學海書樓。

1923 年，賴際熙有感於香港並沒有一個提供書籍給學子研習中文的場館，當時香港的公共圖書館還沒有建成，港府對於中國文化依然是放任不管的狀態。賴遂與富商何東等商量，得到富商們的慷慨支持，購置了數量頗富的一批藏書，於是書樓的軟件初步具備。

賴際熙自稱建立書樓的目的是「宏振斯文，宜聚書講書」，書樓最初的名字，曾經想過用「崇聖書堂」，為什麼改為「學海書樓」，由於文獻缺失，迄今學界沒有定論。筆者認為，此名稱與陳伯陶有關。在道光五年（1825）由兩廣總

督阮元創辦的學海堂，一直以來是嶺南的最高學府和文化象徵。學海堂講求實學，不以培養科舉人才為目的，卻培養了眾多的近代嶺南文化大家，也聚集了很多真正的學者。學海堂自從二次鴉片戰爭後被焚毀又重建，影響力逐漸減弱，1897 年最後一次招生，從此被後起的廣雅書院代替。然而學海堂在廣東讀書人心目中，仍然是一個神聖的存在。1915年，廣東士紳仍然想重建學海堂，得到當時廣東督軍的

陳伯陶致賴際熙函件，提及借閱書樓藏書事。

讚同，重建後的學海堂於次年又宣佈停辦。可見進入民國初年，廣東士紳的學海堂情結仍不稍減。

至於南渡到香港的清遺民中，陳伯陶隱然是領袖人物，他資格老，科名高，論資排輩，沒有其他人能與其相比。他與賴際熙關係更是深厚，兩家通婚，又是鄰居，賴際熙要建設書樓，必須徵求他的意見。陳伯陶師從廣東近代大儒陳澧，陳伯陶又是學海堂的專課生，其名字見於《學海堂志》，新建的書樓名為「學海書樓」，表示繼承了學海堂的道統，陳太史就是連起了粵港學海血脈的薪火傳承人。

學海書樓繼承學海堂「學脈」的另一項舉措，則是書樓仿效學海堂的形式，定期舉行公開的考試，稱為「季課」，這一項由於書樓史料已經散失，一直沒有學者提出和研究。

廣州《學海堂章程》規定：每一年分為四課，由學長出經題文筆，古今詩題。限日截卷，評定甲乙，分別給與獎學金。所謂「季課」，也就是按季節考試。這與當時一般書院流行的月課形式差不多，但內容卻完全不一樣。一般書院的月課，如同科舉考試，學生黎明登堂，封門發題，當日交卷，不能繼燭。其題目一般以四書文為主。學海堂則每一季度由書院出題徵文，張榜於學海堂門外，各學長也各攜若干張，以便散發；在考題上標明截卷日期；學生們根據所出題，查閱經書，登堂向學長請教疑難，然後寫出課卷；課卷由八學長共同評定，分別優劣，對優秀的予以獎勵，並將課卷選入《學海堂全集》。

學海書樓完全模仿學海堂的形式，現存較為早期的季課，見於 1927 年 12 月 6 日公佈的春季課卷評選結果：

一 《詩經》《鴟鴞》篇，傳箋互異，宜博采眾說，
　　折衷一是。（上取：何臻卿）

二 《漢唐明黨議》（上取：何楚碩）

三 《讀湛甘泉心性圖說書後》（上取：何鍾堯）

四 《粵秀山賦古體》

五 《讀三國志詠史十首五絕》（上取：紫水少年）

六 《擬鄺湛若赤英母七律四首》

這些題目，涵蓋了經學，史學，詩詞等內容，尤其值得重視的是富有廣東本土特色，〈粵（越）秀山賦〉之題，多次見於《學海堂集》，鄺湛若即明末民族英雄鄺露（1604－1650），於清兵攻破廣州城市被殺害。這幾道題目具有很濃厚的廣府文化色彩。故園的山川，故國的英雄人物，都是遺民心中不可泯滅的情結，他們想在這一片洋人的土地上將這種文化保留下去。

早在 1920 年，賴太史曾經和其他遺民一起，租賃中環半山堅道 27 號樓下為講學和匯聚之所，書樓既得到商界支持，乃自購半山般咸道物業，以此作為借閱圖書和講學之所。書樓

癸卯甲辰科同人敘於香港學海書樓

溫	岑	陳	區	賴	周	區	朱	左	陳
肅	光	念	大	際	廷	大	汝	霈	煜
	樾	典	原	熙	幹	典	珍		庠
癸卯	癸卯	癸卯	癸卯	癸卯	癸卯	癸卯	甲辰	癸卯	癸卯

| 光緒癸卯甲辰同仁學海書樓合影

從 1923 年開始創辦，然而我們能查到最早的講學記錄，始於 1926 年 2 月，當年的報紙上曾經預告，說因為農曆年近，學海書樓暫停講課一期，然而借書則不受影響云云，可知至遲在 1925 年，書樓已經有定期的講課活動。

學海書樓的講學，至今接近 100 年，這一個世紀之中，最值得稱道的，不是曾經有七太史主講，而是這些國學講座，均為義務講學，入座者不需支付分文，有時候還印發講義，這個傳統，一直延續至今。在中國當代講座史上，恐怕也是獨一無二的。

學海書樓的講座，從二十年代開始已經定為每週兩節，至今不變。由於早期文獻缺失，書樓對於昔日太史們講課的情形，大都依靠鄧又同的親歷口述：

> 當年在書樓設壇講學，每週二次，每當太史公登壇，全場肅靜，鴉雀無聲，聽眾屏營，必恭必敬，太史長衫布履，雍容端坐，聽眾起立致敬，然後坐下，講課既畢，致敬如儀。斯時授課，以《四書》、《五經》為主，闡揚孔孟之道與及《春秋》微言大義，冀揚國粹，挽救世道人心於失墜之餘。

筆者考查了報刊等資料，卻發現了豐富的學海書樓講學記錄，太史所講內容，並非全部以《四書》《五經》，當年史料足以為我們勾勒出講學的盛況。

1925－1928 年，書樓的主講者只有賴際熙和俞叔文兩

人，俞叔文（1874－1959）番禺人，早年曾入譯學館，後居港，擅長詩詞與經學。

1928 年 8 月 28 日，報紙上刊登了學海書樓增聘兩太史講課的消息：

> 學海書樓，向聘賴煥文太史，俞叔文老師在堂講學，茲由夏曆七月起，加聘區徽五，岑敏仲兩太史，於每星期三下午到堂講學，此數星期中，先由岑太史先講《朱九江先生年譜》，由書樓發給講義云。

區徽五即前述區大典，與賴際熙同時受聘入港大。岑敏仲即岑光樾，他是朱九江的再傳弟子。此廣告可知，除了免費入場，部分講座書樓是有印發講義的。

另一位主講翰林區大原太史（1869－1945）參與講學的時間，大約在 1932 年開始，該年 5 月 16 日報章報道：

> 學海書樓講學，是星期三下午，由區季愷太史講典禮（按疑為《儀禮》之誤），星期日下午由賴煥文太史講〈文獻通考序〉，發給書本，以便聽者云。

學海書樓購置的藏書，供市民在樓中借閱，此服務一直堅持到抗戰時期。對於此批藏書，賴際熙一直到生命最後一刻，仍然心懷掛念，在他的訃告中，特別提到彌留之際，朱汝珍來病榻前探望，太史最後的囑託，還是管理好書樓的藏書。

學海書樓的藏書，在 1963 年般含道的舊址拆遷之後，暫存剛剛成立的香港大會堂圖書館，後來在 2001 年移交香港中央圖書館寄存，至今市民仍然可以在中央圖書館借閱這批藏書。鄧又同曾編有《學海書樓藏書目錄》現存書樓藏古籍書目有 1900 多種，三萬四千多冊。由於書樓的目標是弘揚國學和方便學者查閱，因此並非追求珍貴版本，除了少量明末刻本和清初廣東詩文集之外，以阮元的《學海堂叢書》，陳澧的《東塾叢書》等大部頭叢書居多，也包括有學海書樓講者所編著的作品如岑光樾《鶴禪集》等。

學海書樓舊址現在保留下來的唯一照片，是 1936 年十月，光緒癸卯甲辰（即 1903，1904 年）兩科進士十人合照，此照片原來只有「丙子十月」的日期，根據筆者考證，此照片拍攝於農曆十月十六日。很可惜這次香港歷史上的經典聚會，報紙上沒有任何記錄，只留下這幅珍貴的合影。照片拍攝於書樓的二層，眾人站立在典型的舊式陽台鐵欄杆旁，十人之中，癸卯科有八人，甲辰科有兩人，其中翰林八人，還有兩位是榜眼，可謂群賢畢至。除了陳伯陶外，曾經在學海書樓講課的翰林六人都在其中，翰林講究規矩，照片看似隨意站立，然而筆者仍然看得出，居中的是年長者，年輕者居兩側，正中站立的是賴太史和周廷幹（1852－1936）。

最晚參與書樓講學的翰林是朱汝珍，他在 1931 年北京回粵，即選擇長居香港。1932 年起他在書樓講學，1932 年 9 月 13 日，《工商日報》登載：

學海書樓講學，是星期三下午，由朱聘三太史講《經部總序》，星期六日下午由岑敏仲太史講《漢書藝文志》，星期日下午由區徽五太史續講《易乾卦》，均有講義發給云。

這是書樓講學的黃金時期，一週之內，有三位太史講經學，這樣高規格的講學，莫說 1930 年代，即使在晚清的高級書院之中，也是一時之選。

1937 年是一個轉折的年代，當年三月，賴太史與世長辭，前一年九月，區大典太史過世。書樓一下子失去兩位主要講者。1933 年，朱汝珍接任香港孔教書院院長職務，從此也較少到書樓講課，書樓課程多由俞叔文，岑光樾兩人接棒。

除了學海書樓聚集七位太史主講的佳話，其他居港遺民也參與香港學校的講學甚至自辦學校。如前述朱汝珍在 1933 年任孔教院的院長，這所書院，創辦者陳煥章博士，是康有為弟子，他過世後，書院由朱汝珍接章，以弘揚孔子學說為己任，至今仍是香港孔教機構所在。癸卯科榜眼左霈，從 1928 年遷居香港，先後在聖士提反書院做中文總教習和香港政府夜學院漢文師範科（即漢文師範前身）任教直到去世。

值得一提的還有岑光樾太史晚年創辦的成達中學，抗戰之後，香港人口回流增多，中文教育卻跟不上，尤其是港島區。成達坐落在人口稠密的港島灣仔區，1947 年創辦時，岑太史已七十高齡，仍親自擔任校長。初創時以中文教學為主，1947 年第一屆招生時，只有校舍五間，學生 126 人，第

| 1960 年岑光樾逝世訃告

二年增至 175 人，第三年已增至 303 人，並增設第二校舍和英文部。由於港府對於中學每年收生有定額，成達已經達到最高收生數，還是不能滿足家長的需要，可見其受歡迎的程度。

　　成達重視學生的素質教育，除了正常課程外，學校以勞作，書法等為教學特色，顯示了岑太史的教學思想。如 1947 年 12 月成達舉行的三項比賽頒獎，報章記載說：

> 灣仔成達中學最近舉辦之勞作，粵語演講，及書法比賽，經已揭曉，昨舉行頒獎禮，先由訓導主任宣佈各項成績，繼請校長岑太史頒發獎品，隨致訓詞，說明舉行競賽意義，略謂學問不進則退，欲求上進，心裏須時時保持競爭之志。本校課餘舉行各種學術比賽，擇尤給獎，亦本此意，望諸生以後對任何學科，均本競賽精神，力圖上進。

1949 年 7 月，成達首批學生畢業，假座樂聲戲院舉行畢業禮，岑太史親自給畢業生頒發證書，來觀禮的嘉賓則有賴太史的高足李景康教授等。

1960 年，岑太史因年邁，辭去校長職務，該年秋 8 月 17 日病逝養和醫院，成達學校隨後亦宣佈停辦，舊址幾度拆建，現在已成為車水馬龍的商業大廈。

出處之間
清遺民的仕隱選擇

當代學者林志弘在名著《民國乃敵國也》中，曾經總結道：

> 綜括廣東清遺民活動的特色，可知不在政治復辟運動，而是汲汲於文化事業。

此語雖然大致可以概括了廣東清遺民的面貌，然而粵港兩地清遺民之間的活動，充滿了互動性，因此我們亦必須了解一下抗戰之前，兩地遺民互動的一些情況。

辛亥革命後，清廷傾覆，一眾年輕的官員，忽然面臨失去精神支柱，更嚴重的是失去了經濟來源，對於這班年輕的官員而言，他們面前的抉擇是茫然的。

考察粵港太史群體，辛亥時他們的年齡大多數在三十至五十之間，科名多數為光緒癸卯甲辰（1903－1904）兩科進士，這兩科錄取廣東進士特別多，癸卯科的榜眼、傳臚（第四名），甲辰科的榜眼、探花，都是廣東人，至辛亥年，他們獲

得功名才 8 年左右，正是施展拳腳的時候，卻遇上天翻地覆的革命，這幫年輕官員心情之忐忑，可想而知。

少部分太史，在辛亥前已經萌生退意，多數是科名較早輩分較高者，如陳伯陶，他早已歸隱廣州，過着退休生活。但更多的是四十左右的中年人。從昔日玉堂金馬，受人仰視的簪纓之身，一下跌落凡間，他們的仕隱之路，頗不容易。

考察他們辛亥前的仕途，不少人還是頗為順暢的，年長點的如黃誥，已經任清廷駐意大利公使，伍荃萃官至武昌知府，年輕的如溫肅，也做到了湖北道監察御史，岑光樾是侍講銜編修，如無革命發生，他們幾乎能肯定地沿着先輩們如李文田，楊頤的路子走到侍郎級別致仕，甚至走到許應騤戴鴻慈的級別，一品拜相。光緒朝末年，廣東籍京官在數量和官階上都比前朝大大增長，宣統元年，戴鴻慈拜相時，在京年輕翰林十三人一起歡送他入閣，留下了一幅歷史性的照片，照片上二十四位太史簇擁着翰林前輩戴鴻慈，張張年輕的臉龐上充滿了對未來的期望，誰會想到兩年後，王朝就走進了黃昏。

回到故鄉廣東，更艱難的選擇則是繼續南渡居港。民國初年，廣東省城比香港富庶繁華，生活上便利不消說，香港始終在英國佔據之下，並不是華人的地盤。然而這幫遺民心目中，民國始終有一種彆扭的感覺，居港成為一種歸隱的姿態。

居港的原因，除了以示「不踐秦土」，也有感情上的考量。陳伯陶在革命軍光復莞城時，被沒收了土地，家裏還被抄家，因此終身不再返東莞。此後修志也是方志局到九龍城他家附近辦公而已。

| 獅子山下九龍塘村舊影

真正的歸隱者不是沒有，筆者發現，多數真正歸隱的太史，其家庭環境都比較好，不需要出來做事，只依靠家裏數畝田地或者房產，即可悠遊林下。這些極少數的太史，如何國澧、周廷幹，西關富商鍾錫璜，還有南海九江雙蒸的老闆陳如岳，他們隱居在順德南海這些魚米之鄉，只是偶爾來一下香港，看望朋友子孫。這些真正的隱士，甚至連賣字都不屑，所以今日流傳書法極少。筆者所見他們幾位太史的翰墨每人存世都不過一兩幅左右，因為要訂潤例賣字雖然是可觀收入，然而傳出去終究影響了太史的清譽。

賣字賣文，成為太史寓公收入的重要來源，當時粵港兩地，有不少箋紙店，扇莊，都代收翰林的潤筆，生意甚至做到上海北京兩地，例如朱汝珍商衍鎏，因為科名高，求字者多不

上篇 ——— 出 處 之 間 ： 清 遺 民 的 仕 隱 選 擇 ———

勝數，一直到 1950 年代香港還有求商老太爺寫字的。靠賣字和寫碑銘為生的太史，佔了居港遺民的多數，如老輩中的吳道鎔，桂坫，晚輩中的佼佼者當數岑光樾，他們的翰墨至今較為常見，岑光樾書法名氣極大，從香港澳門一直到南洋的曼谷，檳城都有他的招牌存世。這類遺民，多數不出來做事，純以筆墨為生。

真正從事文化教育的，則有賴際熙、朱汝珍、左霈等，他們依靠自己的社會影響和學識，辦學興教。然而在港英政府統治下辦教育，卻也不容易，賴際熙因為備受港督重用，成為港督的中文教習，就惹來了當時守舊文人的嘲諷，在 1929年，李應偉寫了一篇探訪吳道鎔的文章，形象地描述了太史當年求書法者眾多的場景：

| 圖大原自訂《怡盦潤例》

入吳先生廬，一叟順而朦者，臨案顫筆疾書，玉臣太史也。每吾詣太史家，一出一入，惟見鬖鬆小婢，依遲太史幾硯間，門庭之內肅以和。洎鼎革後，遜清遺老可貴若不可貴，曾晉翰林詞館之所謂太史公，已如古玉瓊環，為人登之高幾檀架之上。就遍於嶺東言，島夷猶能羅而致之儒席之上，紳則揖焉，士則泥首。至於了承肩徒跣傖俗之氓，亦同聲一呼：嗟夫！太史公，太史公，高貴孰與比哉！此知太史公之可貴也。（〈書吳玉臣〉，見《廣東文徵》）

從上面的一句「島夷猶能羅而致之儒席之上」，顯然所指即是賴際熙，區大典等出任港大教授的太史們。以他們的從事洋人教職來反襯吳道鎔的高潔，近乎苛求了。然而我們再看攝於1920年著名的《香江九老圖》照片，其中九位老者，居中的是吳道鎔，旁邊是陳伯陶，值得注意的是，這九位遺民中，都是真正的辛亥之後「隱居不出」者，比較起1936年的學海書樓兩科進士合影，背後的深層背景令人頗有遐想。

從以上物議和照片，我們隱約可以知道，當時遺民之間，以隱居不出為最高道德標準，而更深一層的，則是「勤勞王事」，真正為遜帝效勞。

如前所述，遺民們雖然遠處海濱，然與遜清皇室之間，始終有溝通渠道。每逢朝廷重大事件，需要籌款等事宜，均有廣東遺民的身影。溥儀大婚，一般遺民效勞三百五百，已經不得了。張學華寄賴際熙信中說，省城一共收到捐款才一千一百

賜花翎二品銜前 南書房翰林江甯提學使署理江甯布政使臣陳伯陶

宣統壬戌十月初六日

| 遜帝溥儀御容照片賜陳伯陶，選自《陳伯陶紀念集》。

元，而陳伯陶一人捐港幣一萬元，連資深保皇派康有為也為之咋舌，說「逸老（陳的字號）貢萬金，吾愧不能如。」在遜帝身邊的大臣中，也有少數廣東遺民。其中最常出現的，是溫肅和朱汝珍。

溫肅在諸位太史中，年紀最輕，辛亥時不過三十二歲，因此在居港太史中，他對遜清皇室事務最為熱心，早在袁世凱時期，他就暗中與「宗社黨」人有密切來往。張勳的丁巳復辟，溫肅積極參與，被授予「都察院副都御史」的職銜，是極少數參與丁巳復辟的廣東人。復辟失敗，他又繼續給溥儀進講《貞觀政要》，向遜帝灌輸古代名君的典範，想讓他的皇上勵精圖

治。可惜受到同僚的不斷排擠，朝中也少有支持他的官員。滿洲國建立時，他不顧自己已經多病之身，從順德趕到新京長春，加冕跪拜時，要靠同僚扶掖才能站立。他還將長子送到滿洲任職，然後才扶病回鄉，在廣東清遺民中他是最忠心也是最熱心遜清的一位，他病故後溥儀予諡「文節」，也是對他很高的評價。

朱汝珍本來一直在遜清內廷任職，因為書法好的關係，頗受溥儀重用，然而卻因天津張園的租金問題，為遜帝所斥，又不獲同僚所護，無奈回到廣東，隨即移居香港。從此遜帝身邊近臣中再也沒有廣東遺民。

入仕新朝，也是遺民眼前的一個選項，然而同樣要面對同年們的異樣眼光。晚清太史中，入仕新朝的極為罕見，這是一個較為特殊的情況，民國初年，朝野中廣東人勢力極大，從孫中山以下，胡漢民廖仲愷汪精衛等，都是廣東籍，然而從清廷中改官新朝者屈指可數。只有梁士詒（1869-1933）是其中較為重要人物。梁士詒出身翰林，很早就在政壇上嶄露頭角，他的入仕民國，與袁世凱關係至為重要，並且他只在北洋政府中做事。他與香港關係也較為密切，多次訪港，甚至一住就是半年。

相比正途出身的太史，反而是畢業館選的「洋翰林」。由於受國外教育，比較容易接受新思想，廣東的幾位宣統授職洋翰林都在民國政府任職，如刁作謙就長期在外交部任職，另一位新會的陳振先（1876-1938）也曾官至農林總長職務。

除了歸隱、出仕、教學，還有一位「異類」則選擇了經商，即江孔殷，他可算是太史中的異數，留待下文細論。

從清代流傳下來的門第之別，在居港翰林中也仍然堅守，他們彼此之間結成姻親是普遍現象，例如賴際熙的女兒嫁到陳伯陶和溫肅家，其他翰林也多有結成姻親的。若觀察他們的下一代情況，則多數接受西式教育，只有溫肅之子溫中行等少數仍然服務於遜帝身邊。

歸去蓬山

太史的最後歲月

　　居住在省港兩地的清遺民，在抗戰後已經垂垂老矣，很多都在抗戰中病故，戰後，廣州香港兩地僅存的遺老太史，已經不足十人。這些遺民中，只有極少數人活到 1949 年後，見證了三個時代。這些太史們的最後歲月，文獻較少提及，但也反映出時代的巨大變遷。

　　陳伯陶是居港太史中最早在港過世的一人，於 1930 年過世，其靈柩歸葬廣州蘿崗小金峰山，溥儀賜諡「文良」，墓碑由溫肅題寫，陳寶琛撰墓志銘，哀榮之極。賴太史病故於 1937 年，也是歸葬廣州城外龍洞祥雲嶺下，與陳伯陶墓相距大約一公里不到，葬其祖父墓旁，歸葬當日，廣九火車特意以兩列專列運送靈柩和儀仗，引起廣州市民的轟動。

　　落葉歸根，是國人悠久的傳統，即使晚年不能回鄉安度，百年終老還是要回到故土。區大原區大典兄弟也是一樣，兄區大典過世後歸葬南海丹灶鄉，區大原在抗戰時回到故鄉居住，以中醫為業，抗戰勝利前病逝。

| 陳伯陶墓前石獅，位於今日廣州黃埔蘿崗區，上
有陳探花第字樣。

　　溫肅太史是遺民中比較積極效忠清室的一位，他在溥儀
建立「滿洲國」時北上，但一直得不到重用，鬱鬱回到故鄉順
德龍山，1939 年在鄉病逝。朱汝珍一直在港居住到太平洋戰
爭爆發，香港淪陷時，因為他能說日語，又擁有崇高聲望，日
本人曾經要拉攏他擔任偽職，他以年紀老邁推辭，隨後被兒子
接往北京居住，1942 年在北京過世。

　　在香港度過最後歲月的翰林之中，還有一位赫赫有名的
文化巨匠蔡元培，蔡元培在 1937 年 11 月底到港，以「周子
餘」的化名隱居於九龍柯士甸道。蔡雖然深居簡出，然而亦
心懷祖國的抗戰大業。1938 年 5 月 20 日，應宋慶齡設立的
「保衛中國同盟」邀請舉辦的美術展覽，蔡先生在港島聖約翰
教堂舉行了唯一的一場演講，提到「美術乃抗戰的必需品」。
1940 年 3 月 5 日，蔡先生病逝於養和醫院，葬在香港仔華人
永久墳場。

| 1931 年蔡元培應港大中文學會邀請，在港大講座留影，前排左八為蔡元培。

　　1949 年之前，香港迎來了辛亥之後的第二次移民大潮，這時候卻仍有兩位翰林選擇移居香港，與辛亥不同的是，兩位老人都年過古稀，其中一位更加年過八旬，即當時最德高望重的桂坫太史。

　　桂太史是南海人，家學淵源，其父桂文燦，是與陳澧同時的粵中大儒，著有《經學博采錄》，傳記收入《清史儒林傳》，伯父桂文耀，則是道光九年（1829）翰林，桂坫光緒甲午（1894）入翰林，在抗戰之後，已是碩果僅存的翰林之中，年紀最長的一位，援引清末俞曲園自稱年紀「翰林第二」的故事，桂坫有一方閒章：海內翰林第一。

　　桂太史原居廣州西關，在抗戰前已經常來往粵港，在保良局、東華三院留下不少墨寶。1949 年 5 月，他的兒子將其接至香港居住，由於當時物資匱乏，桂氏也不是富貴之家，因此太史還需要賣字以求生計，當時《華僑日報》有一則記載：

桂太史南屏抵港 與港人結翰墨緣

南海桂太史坫，字南屏，為遜清光緒甲午翰林，道德文章為世所重，近年頤養穗垣，雖年逾八十，仍能健步，居恆自城西至越秀山，不減少壯。（中略）茲因其哲嗣迎養至港，卜居尖沙咀漆咸道寶德街，欲得太史書法者，代理收件處為大道中同文街口藝一印社，潤例如下：四屏四十元，楹聯二十元，條幅十五元，中堂三十元，橫批三十元，扇面十元，像贊五十元，題名人字畫二十元，篆隸加倍，大字每尺十元，尺五二十元，壽屏面議。

1949 年易代之際生活不易，連八十高齡的老太史也要出山賣字，可見當時南渡文人環境之窘迫。

桂太史南渡後兩月，另一位赫赫有名的老者也到達香港，即甲辰最後一科的探花商衍鎏（1875－1963），當年 9 月 4 日《華僑日報》刊登說：

商衍鎏太史不日來港

番禺商衍鎏藻亭太史，為廣東碩果僅存之遜清甲辰科探花，道德文章，夙已楷模士林，書法遒勁整練，人爭寶愛。晚年復深究六法，善寫蘭竹，唯甚鮮流傳。氏於舊歲由南京歸粵之後，週來息影濠鏡，日以書畫自娛，境界愈高。頃聞氏循好友之請，不日來港，藉與文友相聚，其書畫接件，則委

託九華堂劉少旅君為總代理云。

商衍鎏與朱汝珍是同年翰林，且一直與居港翰林保持深厚的友誼。在此前他曾有近兩年時間居住在澳門。此次來港，他只住了半年左右，隨即再次北上南京，與其子團聚。後於 1956 年回廣州定居，病逝於 1963 年。

商衍鎏離開香港後，正科出身的太史在香港只剩下桂坫和岑光樾兩位，還有居澳門的李翹燊（？－1960）。曾經與香港關係密切而回廣州養老的，則有張學華和江孔殷兩人。

1951 年，居廣州的張學華和江孔殷先後過世，張學華在病故前，還寄賀詩到香港祝桂坫生日，末句謂「蓬山舊侶垂垂盡，剩有長松健在身」之句。古人以蓬萊仙班比喻翰林太史的清貴，蓬山老人，至此已多步入黃昏之年，目睹世情人事變如此，他們的心緒注定充滿感慨。

烈士暮年，壯心不已，如前所述，桂岑兩位太史仍然心繫文教，桂太史曾多次主持各種儀式，為小童啟蒙等，岑太史則堅持開辦中學直至去世前一年。太史晚年，安居之餘，也引來不少慕名之客，其中不乏當時著名人物，來訪者也不乏有趣之事，如《大公報》1956 年 12 月記載：

為了「狀元風度」張活遊訪太史

在香港作「寓公」的清朝太史，目前活着的尚有數人，這些太史公們，看透了六朝興替，歷盡了人事滄桑，如今，有的是享兒孫福，有些是賣字寫

畫，生活過得不錯。（中略）名演員張活遊，多天前，特別驅車訪候一位太史公，據說，老張私訪太史公，不是趨炎附勢，也不是附庸風雅而登門求賜墨寶，而是為了「新聯」的《合珠記》中，演得更好。

「新聯」為左翼電影公司，張活遊為旗下大牌紅星，為了演活新片中的狀元郎角色，張想到求助太史公，將來可成為科舉史上的美談。

1958 年 5 月，桂太史以九十一歲高齡過世，香港各界舉行隆重公祭，靈堂以鮮花砌成「海內翰林第一」字樣，由康有為弟子盧湘父作主祭人。

兩年後，1960 年 8 月 17 日，岑光樾太史病逝於養和醫院，享年八十四歲，由於他在教育界的崇高地位，舉殯當

| 此瓷盤見證了居港翰林間的交往，癸亥（1923 年）夏日，
區大典題贈朱汝珍。

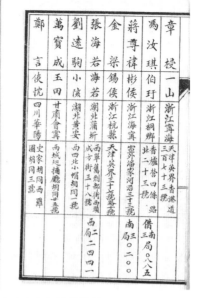

| 光緒癸卯甲辰進士通訊錄中記載朱汝珍和商衍鎏的資料

日，出席者多達一千四百多人，足見太史在香港文化教育界的崇高聲望。昔日居港的太史們，身後都選擇歸葬廣東，1949年後兩地隔閡難通，岑桂兩太史也長眠於香港華人永久墓園。迄今所知，有四位翰林最後葬於香港，其餘兩人為上述蔡元培與左霈。

清代科舉在光緒三十年甲辰（1904年）太后七旬萬壽恩科之後，隨即次年宣佈停止科舉考試。因社會上對進士翰林等功名仍然有非常大的需求，因此在宣統年間，曾經對部分留學外國學成歸來的學子授予翰林院編修檢討等職務，當時稱為「洋翰林」，這些翰林雖然在傳統舊學上不能與科舉出身翰林相比，卻仍然肩負着「翰林院編修」的頭銜，社會上也同樣尊稱為太史。

中國歷史上最後一位擁有太史頭銜的是廣東興寧人刁作謙（1880－1974），字成章。他童年在美國舊金山長大，後

回國讀聖約翰大學，1901 年畢業後赴英倫留學，獲得劍橋大學文學士和碩士學位，1908 年他還獲得英國倫敦大學法學博士研究生資格，1910 年（宣統二年）歸國後，通過清廷舉行的留學生考試，授予其「翰林院編修」銜，這是歷史上最後一次授予翰林職官，當年他才三十歲。

民國成立後，刁作謙因為熟悉歐美情況，多次出任駐外公使，華盛頓會議代表等。抗戰時期，他留在香港，拒絕日本人請他出山的要求，戰後他出任政府外交部顧問，1949 年移居香港，一直從事教育，1952 年起擔任聖保羅女中學校長，並繼賴太史之後，擔任客家組織崇正總會會長。

刁作謙雖然出身翰林，卻與其他遺民大異其趣，他喜歡穿西服，熱心鄉梓。然而香港人習慣按照舊俗稱其為太史，他晚年偶爾為朋友寫字，也鄭重鈐蓋「翰林編修」印章。

1970 年，是刁太史獲得翰林院編修的六十周年紀念，按照清代規矩，進士如能在考取進士六十周年慶祝，稱為「重宴瓊林」，是極為稀罕的盛事。當日，香港幾位重要大老，親自穿上傳統長袍馬褂，為這位僅存的太史祝壽和慶祝重宴瓊林。

| 興寧刁作謙故居太史第門額

1974 年 12 月 1 日，刁太史在港病逝，其悼念儀式由張發奎主持，羅香林等學者致辭，報章上評價說「刁太史為前清翰林之碩果，亦我國外交界之耆宿」，中國一千多年的翰林歷史，在香港劃上句號。

下——篇

玉堂群英

廉政奉公區玉章

　　香港元朗流浮山下靈渡寺，存有一方楷書匾額「客堂」，為嘉慶朝南海翰林區玉章所題寫，此匾書法流利硬朗，為靈渡寺現存牌匾之最古老一件。古代寺廟牌匾，多為名流遊覽即席所書，較少有請託者，區太史辭官後鄉居多年，遊歷至此，遂留下墨寶。

　　區玉章字仁圃，原名玉麟，南海丹灶上金甌村人，該村區姓出了四個翰林，為南海之冠，因此有「翰林村」之名，其中區玉章科名最早，他是嘉慶九年甲子科舉人，嘉慶十三年戊

| 元朗靈渡寺區玉章書客堂牌匾

辰科會試進士，選翰林庶吉士，散館改吏部文選司主事。因曾跟隨嘉慶帝出獵，堂官之中有同名者，嘉慶御筆將其名字改為玉章，所以今日國子監進士題名碑上名字仍是區玉麟。

區玉章在吏部仕途並不順利，據《南海縣志》本傳記載，他性格剛直，不肯阿諛，經常得罪上官和同僚。在吏部時期，因光祿寺卿盧蔭溥（1760－1839）曾請托吏部侍郎初彭齡，關照其照顧一位山東同鄉，卻被區玉章以吏部條規所限而婉拒，從此結下了與盧的恩怨。其後盧蔭溥升至吏部尚書，成

西樵松塘村區玉章旗杆夾，上面名字仍然是他的榜名區玉麟。

了區玉章上司，到任當天，區作謙恭之狀拜賀，語帶諷刺，同僚嚇得咋舌，想勸他引退迴避，區卻回答「吾知守官而已，遑卹其他」，照常工作。尚書因此經常找小事情為難，區無奈辭官還鄉。

區玉章的舊同僚朱桂楨（1761－1840）素知區為人正直，在朱調任廣東巡撫期間，知道區玉章尚健在，即聘請他擔任廣州著名學府粵秀書院山長。粵秀書院是當時官方所辦的書院，山長由在籍知名學者擔任，區在書院期間，每逢鄉試，請託者眾多，他索性請假回到南海老家，鄉試結束再回廣州，其清廉如此。

區玉章詩詞文章沒有留下來，書法也較少見，筆者曾藏一對聯，書於灑金蠟箋，頗為流暢。區太史晚年尚有軼事一椿，記載於《縣志》，朱桂楨辭官後（筆者考證為道光十三年八月），區玉章與朱一起在珠江邊餞別。臨別之際，朱忽然對太史說：

> 頗記前生事乎？我與公皆西蜀墓頤山僧，故同部多年，今又聚會於此。倘前緣未盡，再有把袂期，未可知耳。余壯歲服官於朝，而家事蕭然，性情冰冷，豈蔬筍結習，閱世未忘耶。

區太史向不信佛，史料所記，至此為止，不知當日太史作何回答，想起新界錦田今日亦存初彭齡書匾，此亦前世夙緣與？

| 區玉章行書七言聯

李文田三代因緣

　　清代科舉制度，雖然考試制度繁瑣且陳腐，然而對於下層民眾通往官僚的一條主要通道，仍然是相對公平的。很多貧家孩子，依靠科舉改變了人生，甚至成為重要的人物，廣東近代科舉人物之中，李文田是比較重要的一位。

　　道光十四年（1834）李文田出生於順德均安上村，均安在順德屬於比較落後地區，李文田父親是一個染布工匠，在他幾歲的時候已經過世，其母親撫養兩兄弟在佛山，靠織補為生。

　　李太夫人每日在佛山大戶梁園家族的戶外擺攤，梁家可憐這母子三人，於是提出讓長子李文田在梁家跟隨私塾先生讀書識字。李文田從小體會了人間困苦，所以一直保持清廉正直的性格，讀書也非常用功。十八歲應考縣試獲第一名，咸豐九年（1859）殿試高中一甲第三名，即探花及第，時年才二十五歲。

　　高中之後，李文田出任翰林院編修，侍讀等職務，又多次派放外地主持科考。同治十三年（1874）因在江西時聽說

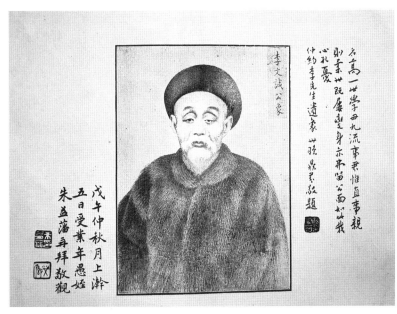

| 李文田貂袍像，梁鼎芬，朱益蕃題字。

慈禧太后要重修被英法聯軍燒毀的圓明園，並且籌備四十歲大壽，正直的本性使他感到此時國庫空虛，絕非鋪張浪費的時候，回京之後，即起草奏摺進諫停止修園，暫停萬壽慶典。

慈禧閱摺，大怒，然而李文田遞摺之後，已即上奏辭職，太后念李文田在官場多年，平時也沒有其他抵觸之處，並沒有追究。李文田回到他的故鄉廣州。

在廣州隱居的十年，李文田並沒有閒着，由於他在京官多年，廣東的總督巡撫對他影響和能力非常看重，從劉坤一到張之洞，歷任粵督都奉他為座上賓，很多事務依靠他的大紳地位辦理。

這十年間，李文田也經常來到香港，有時候還肩負着公

務，例如前章所述，光緒七年，李鴻章注意到廣東鴉片捐稅過高，導致走私盛行，因此委託李鴻章到香港，與當時主持鴉片貿易的新會商人李陞會面，這段時期，李文田多次停留香港，外交家張德彝曾經在光緒六年到港，晚宴時就與李文田和李陞會面。這兩「李」並非同鄉，李陞是新會人，當時因主辦合法的鴉片貿易而成華人首富，對於這種巨閥，京中高官也必須有所依仗，何況作為士紳代表的李文田，不得不與之周旋。

李文田在粵閒居十年，今日香港保存有兩件李文田對聯，均在此時期所書，其一為元朗廈村友恭堂鄧氏宗祠對聯，見上篇所引，書於光緒九年（1884），這副對聯保存完好。另一副則為九龍樂善堂所書之長聯：

岂無痛癢相關，願斯民生順死安，事有可為，
更望為之不厭。
敢謂顛危盡拯，值此地山明水秀，堂開樂善，
還期善與人同。

光緒庚辰秋月順德李文田撰

作為淵博的學者和書法家，李文田所寫對聯，內容多數為自己所集句或撰文，此長聯書於光緒六年（1880），比廈村長聯略早，張德彝會面時日記為七月，此聯書於「秋月」，估計這次李文田在香港逗留時間至少在兩月左右。樂善堂是九龍城一帶歷史最為悠久的民間慈善機構，早在同治初年，即由九龍城寨附近的龍津碼頭「公稱」基金撥作慈善用途，至李文

田訪港的光緒六年，首次建址於九龍城打鐵街，這副對聯即為當時所寫。可惜由於日本淪陷時期，因有樂善堂總理參與抗戰，樂善堂遭到日軍報復被燒毀，舊有牌匾對聯幾乎全毀，現存此聯為遷址之後重刻，已非舊觀。值得玩味的是，同樣是慈善機構，李文田欣然為九龍街坊的樂善堂撰書長聯，可是李陞參與的，創立更早的東華醫院卻沒有留下李文田的任何墨寶，似乎可見李文田對於這些鴉片商人的微妙態度。筆者藏有光緒十七年（1892）李文田回到北京之後，親自編撰的藏書目錄，在序言中，李文田提到：

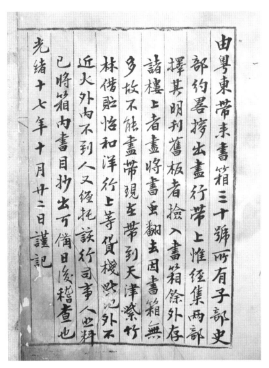

| 李文田手訂藏書目錄序言，其中提到將書寄放怡和洋行上等貨倉。

現在（將書）帶到天津紫竹林，借貯怡和洋行上等貨棧，此地外不近火，內不到人，又經托該行司事人照料，已將箱內書目抄出，可備日後稽查也。

怡和洋行即英國著名老牌渣甸洋行，李文田之所以能將藏書寄存，又能認識「司事人」，恐怕與其在香港的面子不無關係，這也算是清代藏書史上的一椿趣聞。

在廣州過了十年鄉居生活後，李文田因舊同僚力邀，回到久違的京城，重新做起了南書房翰林，一直官至禮部、戶部侍郎，甲午戰爭時期（1894），還一度擔任京師團防大臣，一年之後因點驗戶部絲綢庫引發哮喘舊病，逝世於北京北半截胡同寓所，翁同龢在日記中記載其過世的景象：

哭李若農（李文田的字），為之摧絕。若農身後蕭條，差囊盡買書。其子淵碩年十五，號踽如成人，可憐可憐。

李文田由一個順德貧家孩子到廉吏、學者，一生清廉正直，除了買書，並沒有太多資材。他的棺木，後來在親家順德龍氏的資助下，歸葬廣州城外白雲山象牙峰，今日尚保存。翁同龢日記中看到他的獨子李孔曼，字淵碩，是李文田的第六個兒子，只有此子長大成人。

李淵碩的事跡，今日所知不多，筆者侍從其幼子李曲齋先生學書法，曾略聞其故事，李文田過世後，李淵碩一直以遺

民自居，曾在泰華樓舉辦過為溥儀祝壽的活動，又曾北上拜謁遜帝。他將父親在北京遺書典賣了部分，今日收藏於國家圖書館等，其餘部分則運回廣東，收藏於李文田在廣州西關所建的書樓「泰華樓」。

「泰華樓」位於西關多寶坊，昔日探花第的書房，今日尚保存完整。書樓的名字，源自李文田所收藏的兩種珍貴拓本：泰山碑和華山碑，泰山碑為明拓不完整本，今藏於北京故宮博物院。華山碑是存世所知四種宋拓本之一，因其為順德李文田所藏，故文物界稱為「順德本」。

早在 1900 年左右，權傾一時的兩江總督端方，喜愛金石，他已收得其餘三種華山碑，很想將順德本也據為己有，端方想到李文田的親密弟子陳伯陶，當時任江寧提學使，於是讓陳給李淵碩寫信，提出可以用碑帖或者官職換取順德本。李淵碩收信後，以父親所愛不能輕易割捨，並沒買端方的賬，隨後端方辛亥革命時死於四川，藏品散失，順德本依然保存在李氏家中，此信被李淵碩裱入拓本後，提示後人要守護家珍。

今日位於廣州白雲山象牙峰的李文田墓，是李淵碩在辛亥之後依靠外家龍氏的資助建立，由吳道鎔題寫墓誌，經梁鼎芬向遜帝求得謚號「文誠」，風光大葬，其後李淵碩一度居住香港，並留下了一幅合照，照片中李淵碩坐左側，右側為陳伯陶與溫肅，兩位太史都是李文田的弟子。他們在照片中束髮，三位也是道家忠實信徒，李淵碩曾皈依羅浮山酥醪觀，道號圓虛。

抗戰之前，李淵碩回到廣州，擔任公安局的太極拳教

| 羅浮山龍門派三位遺民入道者，右起陳伯陶（永燾），溫肅（圓默），李孔曼（圓虛）。

練，卒於廣州淪陷時期。他育有二子一女，長子李棪，當代著名古文字學家，曾受業於羅振玉、蔡元培。抗戰時期，與葉恭綽等舉辦「廣東文物展覽會」，振奮香港同胞愛鄉之情，在會上李棪展出了自己家藏的多種李文田藏書和遺稿。抗戰後，李棪應邀到北平燕京大學任教，1949 年移居香港，隨後到倫敦大學亞非學院任教，1969 年退休後，又回到香港，接任香港中文大學中文系主任，李棪專長為文字學與考古學，在香港學界桃李滿門。

　　李淵碩幼子李曲齋，早年師從葉恭綽，以書法馳名當

代，曾任廣州市文史館代館長，廣州市書法協會主席等。值得
一提的是，李氏三世寶藏的宋拓華山碑，由李棪保管多年，即
使在他最困難時期，仍然沒有出售，最後由李棪捐贈給香港中
文大學文物館，至今仍然是文物館最重要館藏品之一。

鄉土翰林鄧蓉鏡

　　香港舊屬廣州府新安縣，在清代沒出過一個正途科舉的翰林，是為一憾，不過今日若走訪新界的許多鄉村，與其他廣東的古村一樣，在老祠堂上會看到懸掛本族功名牌匾，以示榮耀，其中較為常見的，則有「同治十年辛未科　欽點翰林院庶吉士臣鄧蓉鏡」字樣。這位太史公，與新界鄧族，確實有着密切的淵源，可算半個新界人。

　　新界鄧族，是新界所有古老姓氏大族中，遷居新界最早的一姓，早在北宋熙寧二年（1069）鄧族先祖江西吉安人鄧符協中進士後，授廣東陽春縣令，在上任時，鄧途徑屯門元朗一帶，感受這裏「風俗之淳，山水之勝」，於是在崇寧三年（1103）遷居岑田（今日元朗錦田）定居，將自己祖先三代也遷葬新界各處，並創辦力瀛書院，讀書講學。鄧符協子孫分五大房，宋元時期分佈東莞（今日新界宋元時期屬東莞）各地，長房居住東莞南街等地，二三四房居住在今日新界範圍。鄧蓉鏡的祖先鄧雲霄，是明代進士，也是長房的一支，由於世居東

| 鄧蓉鏡像

莞南街，被稱為南街鄧。

鄧蓉鏡（1831－1900）字上選，號蓮裳，同治十年辛未科（1871）進士，選庶吉士，散館授編修，出放為江西督糧道。鄧太史早期史料較為罕見，光緒十一（1885）年，翰林大考在保和殿進行，《循環日報》曾報道鄧在考試時「唱名不到」，即缺席。同年6月，授右春坊右中允。即清代所謂「開坊」，這是翰林準備升官的候補階段。光緒十七（1891）年，江南發生蝗災，兩江總督劉坤一委派他購買賑災穀糧二十萬石，鄧想盡辦法節省運費和糧價四萬兩，事後劉上奏朝廷，獲得嘉獎，賞戴花翎，署江西按察使。他為官二十年，勤儉自持，賞頭品頂戴，又以前任國史館勞績加二品銜。光緒十九（1893）年冬，因丁憂回東莞，不再出仕，主講廣州廣雅書院，後因粵督李鴻章任命他主辦廣東全省團練，積勞成疾去世，時年六十九歲。

| 元朗鄧氏友恭堂祠堂中座所懸掛鄧蓉鏡翰林牌匾（右二）

南街鄧氏與新界鄧氏，系出同宗，因此新界鄧族將其當作自家人，鄧蓉鏡在回東莞定居後，也曾到今日新界探訪，今日元朗廈村「友恭堂」還珍藏有一幅巨大的壽幛，這是光緒四年廈村鄧母侯夫人大壽時，由鄧蓉鏡親撰壽序，開平籍太史關朝宗用金粉書寫，迄今仍然保存完好，是鄧族家傳之寶。

鄧太史為人嚴謹，較少應酬，墨寶罕見，他的小字如簪花少女，風緻翩翩。大字學蘭亭，氣格清秀。但香港人最熟悉的，則是他的幼子鄧爾雅（1884－1954），鄧爾雅自幼隨父親讀書，對古文字頗有天賦，很早便展示其篆刻天份。

鄧爾雅曾經向人誇耀，說自己出生在除夕，第二天父親懷抱他進宮向太后朝賀云云，恐怕為不實之詞，清代規矩，除了帝后親自指明者，其餘嬰兒不可帶入宮廷，況出生未滿月之男童，萬無寒冬出門之理。鄧爾雅確實出生在京城，青年時期曾到日本遊學，1910 年回國，與同盟會員潘達微等創辦廣東最早的雜誌《時事畫報》、《賞奇畫報》，是中國近代美術教育的先驅之一。辛亥之後，他又與志同道合的書畫家一起創辦了「廣東國畫研究會」，以弘揚傳統國畫為己任。

1930 年代鄧爾雅移居香港，賴際熙等因為世交的關係，經常邀約其一起雅集，他在新界大埔修築了一所農莊，以自

已收藏的明代鄺露舊物綠綺台古琴命名為「綠綺園」，新界鄧氏也將他視為親戚，今日元朗屏山鄧氏宗祠頭門牌匾由他書寫，荃灣鄧氏先祖的著名墓地「半月照潭」，墓道前一座牌坊對聯也出自鄧爾雅的手筆。

| 鄧蓉鏡楷書卷本團扇

在抗戰之前，鄧爾雅已經是繼幾位太史公之外，香港最有名的書法家，連日本佔領地總督府成立時，也指定由鄧爾雅負責書寫總督府大字牌匾，這幅大匾的報酬是兩百斤大米，當時足以救鄧氏全家的飢困，現原物仍然收藏在香港歷史博物館。

1944 年，新界遭遇颱風，綠綺園被大風吹毀，鄧氏收藏的圖書文物大半遭到損害，唯獨綠綺台琴卻從廢墟中搶救出，被視為奇跡。鄧爾雅最重要的成就在於篆刻，繼承了黃士陵的光潔奇崛，並教育出很多傑出學生，如外甥容庚（1894－1983）教授等，他在香港的書壇和篆刻影響至今不息。

驚「鴻」一瞥戴鴻慈

　　清代廣東人中，職官做到最高的一人，是南海出身的戴鴻慈，他與清代很多大官一樣，出身翰林。戴與香港，據今日可考的資料，只有匆匆一面之緣。

　　戴鴻慈（1853－1910）字少懷，自幼聰穎，生於南海西樵大同，其家鄉今日仍保留有宗祠，位於小河之旁，風光秀麗。戴十五歲為廩生，同治十二年（1873年）癸酉拔貢，同

| 考察歐洲時的戴鴻慈（右）與端方（左）留影

年中式第一名舉人（解元）。光緒二年（1876年）成進士，選庶吉士，授編修。光緒二十年（1894年）翰林大考，名列一等。歷官刑部侍郎、戶部侍郎。戴鴻慈因為才華出眾，在光緒二十年左右已經是京城廣東籍同官中的佼佼者，李文田對他格外敬重。

光緒三十一年（1905）清廷仿效日本，派出五位大臣，出洋考察各國憲政，這五位大臣，都是比較年輕且有才幹者，包括時任戶部侍郎的戴鴻慈和湖南巡撫端方，帶隊者是鎮國公載澤。

五大臣出洋之前，在京師正陽門車站準備出發時，被革命黨人吳樾投擲炸彈，險些發生命案，此案發生後，五大臣出發時間延遲，並且替換了其中的徐世昌等二人。戴鴻慈與端方仍然在其中。

同年12月，戴鴻慈與端方作為第一隊出發，經日本出發，考察了日本、美國、英國、丹麥、瑞士等十三國。第二年，即光緒三十二年（1906）7月，戴鴻慈與端方乘坐輪船，經新加坡準備抵達香港。當時在港的華人士紳和華商會，聽說戴要到港，即準備迎接工作，但是據新加坡的清國領事孫士鼎電報說，「端戴兩大臣不登岸無庸準備行館」，一眾華商的宴席也因此取消。

7月18日，戴鴻慈和端方乘坐的輪船抵達香港，當日《香港華字日報》報道：

考察憲政大臣端方戴鴻慈昨日十一點半由德國

郵輪到港，仍乘原船往滬，聞岑督派溫道宗等來港迎迓，該船抵港時，溫道宗偕粵紳十餘人登船謁見云。

　　岑督即當時粵督岑春萱，此次兩大臣考察回國，途徑香港而不入，想是行程匆忙，急着上京回復光緒帝，因此連廣東省城亦不停歇，只是在香港停留一晚，即趕往上海。

　　戴鴻慈在香港留下的鴻爪，則有沙田「大夫第」即俗稱「曾大屋」正廳所珍藏的八屏風祝壽序文，今日仍然保存完好，金光燦爛。這篇序文用端正楷書所寫，戴鴻慈撰文，落款「欽點翰林院編修愚世侄戴鴻慈拜撰」，由進士黃家瑞書寫，時間為光緒四年（1878），當時戴鴻慈還是新科翰林，剛剛散館，他是應邀所寫還是來過沙田做客，尚待考證。

　　考察憲政之後，戴鴻慈特意請熊希齡暗中聯繫當時躲在東京的梁啟超撰寫了一組考察奏稿，包括《請定國是以安大計摺》等。這些奏摺，都向光緒帝提出君主立憲是皇位永安之道，而不會削弱滿洲人的地位。

　　這次考察，也奠定了戴鴻慈的政治資本，歸國後，他又寫成《考察九國日記》等進呈，宣統元年八月（1909），戴以尚書銜入軍機處，同年十一月，授協辦大學士。清代廣東人授協辦大學士者，只有乾隆狀元莊有恭和戴鴻慈兩人，清代規矩，協辦大學士入軍機才算「真拜相」，因此在十一月，一眾在北京的年輕翰林十三人，在北京打磨廠胡同的「廣東會館」穿上朝服，歡送戴鴻慈入閣，視為當時廣東官場的重要事件。照片中，有我們熟悉的賴際熙、朱汝珍、溫肅、岑光樾等

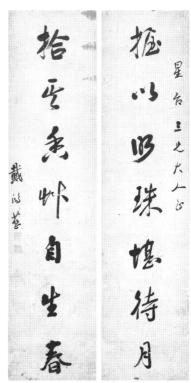

| 沙田曾大屋中座正廳戴鴻慈撰壽序屏風 | 戴鴻慈行書七言聯 |

人，後來均移居香港。

戴鴻慈在當時被視為政壇上準備上升的候補梯隊，他的出身好，資格老，年紀相對輕，才幹也出眾，可惜天不假年，竟於入閣的第二年（1910）病逝於京師，時年才 58 歲。宣統帝賞太子少保，予謚「文誠」，墓地位於白雲山頂牌坊附近，今日尚保存較完整，是廣州市級文物保護單位。

戴鴻慈書法造詣頗深，以顏體為筋骨，小字俊俏，大字儒雅，筆者藏其七言聯，鈐「解元翰林」印，靈動飛舞，顯示書者才氣確實非凡。

隱士學者吳道鎔

　　在辛亥之後移居香港的一眾翰林之中，地位最高的當屬陳伯陶，這是因為陳是探花出身，科名高，官也做得大。然而這群翰林中資格最老的，則是吳道鎔，所以在《香江九老圖》中，他端坐正中，高瘦的身材猶如鶴立，所謂非凡之人有非凡之相也。

　　吳道鎔（1852－1936）原名國鎮，字玉臣，晚號澹庵，祖籍浙江會稽，四代之前來粵後落籍番禺，光緒元年中舉，次年上京先後參加兩次會試，均落第，因為家貧，回到廣東授徒養親，不願再考試。當時居住廣東的前輩李文田非常賞識吳的才華，一再催促他再次北上考試，終於在光緒六年（1880）庚辰科中進士，選庶吉士。這時李文田已經回到北京，他知道吳道鎔家境不好，北京居住費用高昂，遂收留吳道鎔住在自己北半截胡同家中，吳道鎔多年之後在給李撰寫神道碑時，還回憶說李每逢退朝，回到家中，朝服不換，先檢查吳道鎔所寫的書法功課，然後執筆寫數行，作為示範。這種扶持晚輩的精

神，令吳道鎔受用終身。李文田既會相面，也善看人，他對吳說，你生性淡泊從容，「吾不以祿仕相勸，他日當思吾言也」。

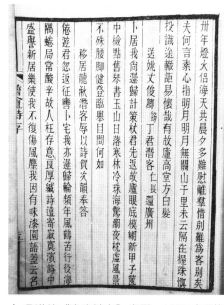

| 吳道鎔《澹庵詩存》書影，1937年刊於廣州，其中有關移居九龍城龍湫井的詩。

光緒十二年吳道鎔才散館，授翰林編修，他果然不樂仕進，回到廣州，先後在廣東多家知名書院講學，包括廣州的應元書院，潮州金山書院，惠州豐湖書院等。後來他回到廣州，接任廣雅書院監督。廣雅是張之洞創辦的新形學院，不以培養科舉人才為目的。吳道鎔在廣雅八年，由於他本人知識面廣，從經史算術甚至西方政治都有所涉獵，所以培養了眾多人才。張人駿任粵督時，很推重吳，請其擔任廣東學務公所議長，1908年並以人才難得舉薦他北上，他力辭不就。

辛亥革命發生後，他推辭一切新政府的職務，廣東省方

志局和重開的學海堂向他發出聘書，他都婉辭不就。

吳道鎔移居香港時間不詳，其詩集《澹庵詩存》中收詩按時間排序，〈避地香江偶成〉是第一首寫香港的詩，其後才有癸丑年（1913）的其他作品，可知早在 1912 年他就已經南渡。

當時南渡遺民，多選擇港島居住，以其生活便利，但是吳道鎔和陳伯陶卻選擇了住在較為偏僻的九龍城一帶，也許這裏更多保存了舊日故國的氛圍。吳道鎔所居的是一條叫龍湫井的小村，房子有小院，環境不俗，曾經是陳伯陶看中準備自住，後來得知吳道鎔要來，陳主動讓出給吳居住。」仁長寫過一首〈過澹庵龍湫新居詩以賀之並簡真逸〉，描寫了隱居小樓的幽雅環境：

> 層軒曲榭略展眺，爽氣已奪新秋新。
> 蕭蕭蒼雪撥衣袂，桑榆繞舍攢修篔。
> 庭階頓復鄉土觀，嘯傲恰稱羲皇人。（下略）

剛剛南渡時，由於一下子湧來太多避難人潮，香港的房價一日數漲，吳暫居油麻地，既窄且偏，殊為不便，移居龍湫新居對吳而言是一個安慰，他自作〈避地香江偶成〉一詩說：

> 壯歲勞窮籍，勞生不自由。
> 蹉跎身坐老，紛放苦難收。
> 多難雙行篋，孤燈一小樓。
> 虞生雖寂寞，未忍負窮愁。

已過花甲之年，尚要搬家到海濱小樓，對於這位淡泊的學者，雖環境稍改善，也確實是勞累。幸而鄰近有故人經常可以來往，從他的詩集中看，當時九龍城一帶風景秀麗，名士攜杖悠遊其間，真是一幅風情畫卷。他帶着張學華、伍銓萃、賴際熙一起遊歷九龍城一帶，其中所寫有關宋代行宮的遺址景點：宋王臺、二王村、金夫人墓，今日只有宋王臺剩下一方石頭而已。

| 青山禪院吳道鎔 1922 年所書「杯渡遺跡」牌坊

　　村居生活雖清苦，有老朋友的陪伴，也頗為雅緻。九月陳伯陶給他送來了菊花，他寫詩回謝，晚上散步到陳伯陶的「瓜廬」，剛好遇上伍銓萃帶着古琴來訪，三人一起聽琴，此琴是伍銓萃在香港所得，陳伯陶定為唐代物，海濱小樓，一燈熒然，三位長袍老太史在琴聲中暫時忘卻了眼前的紛擾，彷彿重回廣州故園時光，這幅風雅的場景也在他的詩中記錄下來。

　　1913 年春天，因清明日近，掛念母親掃墓，吳道鎔自香港歸廣州，張學華等為他餞別。然而沒多久，又因避兵再次南渡，龍湫井小樓已經退租，他只能住到人煙稠密的油麻地暫居，晚上在騎樓小立，看着對岸香港島的繁華燈光，他寫下七絕一首：

隱士學者吳道鎔

重重燈火萬星懸，山半樓台到海邊。

哀樂望中渾不辨，逃亡屋與綺羅筵。

詩中對着日益繁華的香港夜景，反襯出海濱孤臣的蒼涼心緒，極為沉痛。這次居港時間比較長，一直到 1922 年他仍然在港。此期詩歌創作也達到一個高峰，除參與陳伯陶的《宋臺秋唱》，他還和張學華陳伯陶等遊歷青山禪院，在世姪曹受培的莊園中遊玩，1922 年他七十虛歲生日，在港遺民一起為他祝壽，在這一年他初次渡海到澳門探望老朋友汪兆鏞和林樸山，澳門的淳樸民風給他留下很深印象。

1924 年，李文田的兒子李孔曼北上拜見遜帝溥儀，吳道鎔在港寫詩以壯其行，可見他對於遜帝仍然抱有孤忠之情。次年（1925）夏天，他與汪兆鏞的兄長汪兆銓一起移居澳門，後來一起移居的還有張學華，他們與汪兆鏞一起比鄰而居，時有唱酬之樂。

不久汪兆銓回到廣州，吳在省港罷工結束後，因年事漸高，懷念故園，於是也回到廣州老宅，其太史第在大東門外東華西路永勝東里四十七號。

吳太史晚年最為重要的一部作品，是搜集廣東歷代古文名篇的結集《廣東文徵》，在此之前曾經有過屈大均的《廣東文選》和溫汝能《粵東文海》，然而吳道鎔所編的這部全景式的《廣東文徵》篇幅達兩百卷，乃是一部盡力搜羅廣東所有古文名家代表性作品的總匯，花費了他晚年的所有心血。這部作品在吳道鎔過世後，仍未完成，最後由張學華補充整理，一直

到 1974 年，才由香港中文大學成立名為「廣東文徵編印委員會」的機構在香港正式印行，今日已成為研究廣東文學史和文化史的經典之作。

1936 年春三月，吳太史因年老患痰喘，時發時愈，自感已不久於世，遺命以道服葬，因其皈依羅浮龍門派，道號永晦。5 月 18 日夜病逝於家中，22 日大殮，好友桂坫、張學華，以及門弟子江孔殷等都到場致祭。吳太史之夫人鄧氏，乃是清流「鐵面御史」鄧承修之女兒，兒子吳景涵，曾留學美國，在國民政府供職。吳道鎔一生勤奮治學，但作品在生前刊印的只有為數不多的《明史樂府》等幾種。他過世後，由張

| 廣華醫院吳道鎔所書「物我同春」牌匾，與廣華醫院匾額相對懸掛。

學華和汪兆鏞等一起編印了《澹庵詩存》與《澹庵文存》，於1937年刊印。

汪兆鏞評價吳道鎔「履潔學邃」，即行止光明學問深邃，這是非常貼切的。他一生不願為官，授編修後即辭官歸里教學著述。吳道鎔書法非常有名，他的楷書落筆沉重，步履巧妙，求書者盈門，當年在省港一帶經常能見到他的墨寶。

香港今日仍存有大量吳道鎔的字跡，大字的代表作是青山禪院的「杯渡遺跡」牌坊，書於1922年，磅礴大氣，又大嶼山「靈隱寺」門額，書於1930年。楷書中比較工整的則有廣華醫院牌匾「物我同春」，書於1933年，已是晚年手筆。吳太史與東華三院關係比較密切，除了牌匾，現存對聯比較知名的還有銅鑼灣東華東院長聯，和大口環東華義莊的二門對聯等。

種樹孤臣梁鼎芬

　　清末民國政壇上，有一位經常出現在名臣與帝王身邊的廣東人物，他官不算大，卻親歷了光緒到民國初年的很多重要歷史事件，並且得到朝野一致的尊重，他就是溥儀的帝師梁鼎芬。

　　梁鼎芬（1859－1919）字星海，號節庵，室名別號很多，廣東番禺人。他母親是近代廣東大詩人張維屏的孫女，舅舅張鼎華，光緒三年（1877）翰林，梁鼎芬父親很早過世，他跟隨母親讀《詩經》，舅舅教他寫詩，寫八股文，他學詩很快，年輕時已經在廣州詩壇揚名。光緒六年（1880）到北京應會試，成進士，入了翰林，時年才二十二歲，當年又娶了鄉試主考官的女兒，新科翰林加上洞房花燭，成為京城中士人的美談。

　　三年之後，庶吉士散館，授翰林編修，原以為他從此平步青雲，一路高升，不料兩年之後，光緒十年（1884），他以翰林編修的身份，上摺彈劾當朝大學士李鴻章，列舉其可殺之罪有六條。此舉震驚朝野，有傳說是因為梁很受李文田的重

| 梁鼎芬拜祭白雲山父母墓留影

視，李又精於相學，李判定梁有血光之災，只有彈劾重臣才能
消災云云。

彈劾之後，梁鼎芬請假出都，第二年，與御史吳峋一起
以「誣謗大臣」罪名降五級調用，他因此自己請假回鄉，並
刻了一枚印章曰「年二十七罷官」。本該在大有作為的年紀罷
官，旁人看來甚為可惜，梁卻因此得到朝中清流的重視，特別
是該年他結識了張之洞，從此展開了多年的交往。張之洞任
兩廣總督時，創辦了新式學堂廣雅書院，聘請梁擔任首任院
長，培育了眾多人才，迄今仍然是廣東省內著名的學校。

光緒十一年（1885），梁鼎芬離開廣州赴上海，輪船從
黃埔出發，有〈黃埔當發有懷三弟〉詩，此程應途徑香港，然
而無文字留下。光緒十五年，張之洞調任湖廣總督，這一年七
月，梁鼎芬帶着廣雅學生，到廣州城外白雲山蓮花台的父母墓
地拜祭，並且寫詩。同年十一月，他離開廣州，從黃埔港坐船

出發，北上上海，按照當時輪船的船期，首天停留香港，他寫有兩首詩，贈別三弟：

> 海氣濛濛山幾層，居人冬日尚如蒸。
> 魚龍歸宿誰能識，蛇鳥飛行正可憎。
> 此去詩題添歲月，不來書札負親朋。
> 床前有弟猶能醉，簾檻淒迷滿鬼燈。

> 萬索千搜到此年，多財須念子孫賢。
> 西園金貴嗟成市，南海珠光要出淵。
> 猛虎終難守藜藿，玉虬長自惜蘭荃。
> 平生不濕離家淚，滿眼蒼生只愾然。

此時第一首寫香港山景，他離開廣州時是十一月（詩集前一首是〈己丑十一月遠遊拜別先壟泣賦〉），農曆十一月，香港的天氣仍然炎熱，但是梁鼎芬看來對於英國人統治下的香港並沒有好印象，加上張之洞的離開，自己對於前途黯淡的預期，令這兩詩充滿了灰暗色彩。與崔廣沅對於電燈的態度不一樣，梁在結句中寫道，「簾檻淒迷滿鬼燈」，鬼燈是廣東人對於電燈的初期稱呼，香港電燈創建於該年，次年才正式為灣仔一帶市民服務，梁鼎芬所看到的，似乎是船上的電燈。但從這裏似乎也可以看出，他對於香港的態度是較為負面的。

詩題中所說的三弟，是梁鼎芬的弟弟梁鼎蕃，梁家有三兄弟，大哥早病故，梁鼎芬與弟弟感情甚篤，他又是有名的孝

子，每年一定與弟弟一起掃墓，此行出門之前，特意與弟弟同到白雲山父母墓前辭別作詩。

梁鼎芬第三次到香港，則是辛亥革命時期避難而過。武昌起義之後，全國震動，各地的革命黨人紛紛起義，清政府風雨飄搖。廣州作為革命黨發源地，又是南方重鎮，黨人已經環伺，兩廣總督張鳴岐惶恐終日，當時廣州城中有各種傳言，說革命黨人要屠殺全城的滿人和官貴，廣州人心惶惶，很多人離開城市，去香港或鄉下避難。

為了安撫廣州市民，陽曆十一月初，梁鼎芬親自寫了幾張「大字報」，命家人張貼在木牌上，在上面寫道：

> 我家住在榨粉街，人所共知，我家老少不搬一人，書畫不搬一紙，各位不信，請來查問，如係假話，任聽眾罰。奉勸各位切勿搬遷，徒亂人意，花自己錢，甚無謂也。
>
> 前謠傳省城初九日（按即陽曆 10 月 30 日）有事，各家搬遷，自己損失甚大，今已過矣，奉勸各人同為大清百姓，以後勿信謠言，各店正常開門貿易，至所望也。

這幾張大字報，原件在廣東省圖書館保存至今，也見證了梁鼎芬為穩定廣州局勢所作的努力。當時廣州市民推舉三位最有影響力的士紳作為代表，向總督提出改良政治和穩定局勢的主張，三位代表是太子少保鄧華熙，梁鼎芬和江孔殷。梁鼎

芬向張鳴岐提出「即日成立監督官吏，改良政治機關」，張的態度含糊，他是想看清武昌起義的形勢。不料革命黨勢如破竹，廣州城內，居民也一致擁護共和。

《節庵先生遺詩》卷六第一首就是〈辛亥九月十五夜〉，詩中說「滿地淒涼月，平生忠孝心」，充滿了對清廷前途的擔憂。《香港華字日報》甚至傳出了梁鼎芬自盡殉國的謠言。三日之後，農曆九月十八日，廣州民軍起義，推舉胡漢民為都督，梁鼎芬與盛景璇一起，經香港逃到上海，這是他第三次到達香港。

這次停留香港只有半日時間，詩集的第二首，題目是〈別季瑩〉，季瑩即盛景璇的號，在手稿中，此詩題目為〈九月十八別季瑩〉，即當日早上他到達香港，晚上即連夜乘船到達上海。十二月二十五日，清帝遜位詔書下，梁決定穿孝服，以示忠於清室。

民國成立後，梁鼎芬被派往光緒帝的陵寢崇陵擔任種樹大臣，這本來是一項禮儀性質的差事，他做起來卻非常認真，他經常將崇陵祭祀後的禮品如餑餑之類，分寄給各地的清遺民，以此來籌款購置種樹。甚至在冬日他將崇陵寶頂（即陵墓封土）上的積雪水用瓦罐裝好，珍重地封條貼上，寄到廣東的遺民家中，也是籌款的方法之一。賴際熙家藏信札中，就有不少這類的短信函。

梁鼎芬在崇陵旁建了一所房子，叫種樹廬，自己住在裏面，他甚至傳言說袁世凱派刺客來行刺他，後來刺客為他的忠心所感動，不忍下手。光緒和隆裕太后奉安時，行禮隊伍

種樹孤臣梁鼎芬

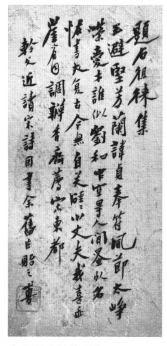

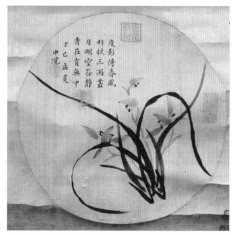

丁巳復辟前夕瑾妃御筆畫賜梁鼎芬蘭花

梁鼎芬詩稿手跡

中，哭得最淒慘的就是梁鼎芬，為各人所側目。他的種樹守陵舉動，終於感動了小朝廷，民國五年（1916）八月，奉旨在毓慶宮行走，為遜帝授讀書。

1913年間梁鼎芬還有一次過訪香港，這次到港，在此年秋季，他回到廣州，祭拜白雲山祖墓，剛好碰上老朋友康有為母親在香港過世，康和梁鼎芬一直交情深厚，但戊戌變法後，兩人政見不同，遂斷往來。溫肅聞說康有為母親過世，勸梁鼎芬藉此修好，梁也欣然同意，農曆十月，梁以吊唁康母之故，兩人在香港會晤，蹤跡復合。這次居港時間如何，史料有缺，無從考查，只知康有為於十一月四日由海路運送母親勞太

夫人靈柩回廣州，港督派兵船護送，靈柩到達西樵之後，根據梁鼎芬的老朋友何藻翔（1865－1930）自述，梁鼎芬還曾經到西樵山銀塘鄉掃墓，康梁二人從此又恢復往來，也為後來丁巳復辟時的互相呼應結下根基。

1917年四月，梁鼎芬在京，還收到敬懿皇太妃（即瑾妃）的御賜親筆蘭花團扇，五月，辮子帥張勳帶着他的辮子軍隊入京，擁立遜帝登基復辟，當時梁鼎芬已經臥病，聽說皇上又登基了，他強支病體，接受張勳的任務，到黎元洪的總統府勸說其退位，入日本使館暫避。復辟只不過支持了十幾天，段祺瑞通電討逆，張勳兵不堪一擊，五月二十四日，段祺瑞軍收復京城，梁鼎芬又扶病勸說段祺瑞出示禁令，嚴禁士兵侵犯皇室。梁對於清室的忠誠，即使在民國政府官員眼中，也對他尊敬有加。

經歷復辟的動蕩，梁鼎芬一病經年，民國七年（1918）六十歲生日，溥儀和幾位太妃都有御賜壽禮。民國八年（1919）初，病況加深，已經不能給遜帝進講。十一月十三日，病逝於家中，遜帝贈太子少保，予謚文忠。遺命安葬於光緒帝崇陵旁的梁格莊後，為光緒帝守陵。他留下藏書兩萬九千多冊，其兒子遵從遺囑，全部捐贈廣東圖書館，成為該館成立後第一批大宗的藏書來源。

廣東雖然在清代為思想開放的地區，但也出現了梁鼎芬這樣保守的人物，他對於舊道德思想，甚為重視。他為光緒帝守陵種樹之舉，即使在民初遺民圈中，也很令人側目，有人視為故意揚名的舉動。其實梁鼎芬的忠孝，乃是其天性所然。

梁自幼父親早逝，由母親養育成人，光緒七年，他在廣州白雲山上為父母營葬，從此每年都帶著弟弟或者學生，到父母墓前拜祭，在詩集中也留下了多首緬懷父母墓的詩篇。所謂忠臣多出孝子之門，早在辛亥之前，梁就以守禮著稱，宣統元年（1909）2月24日，《香港華字日報》就記載過梁鼎芬因慈禧光緒兩宮喪禮，他嚴守不剃髮的古制，當天守制期滿，他在湖北官署園中恭設香案，望北叩首，然後才行剃髮之禮。此事報紙作為新聞報道，可見當時官員已經視此種禮節為虛文，但梁仍然堅持己見，所以後來他為光緒守陵，其淵源自有。

梁鼎芬數度訪港，只留下兩首詩，卻也見證了他政見的保守。他視香港為化外之地，因此沒有翰墨留題，留在廣州的遺跡，則有他開創的廣雅書院，還有白雲山蓮花台上的父母墓，至今尚保存較好。他還是近代有影響的詩人之一，其詩清新瑰麗，構思奇特，又顯淺易讀，名列「嶺南近代四大詩家」之首，影響深遠。

履潔懷清丁仁長

　　丁仁長在晚清遺民中，較為人所忽略，在網絡上搜索他的資料，只有寥寥幾十字。他科名早（光緒九年），但少參與其他遺民活動（例如吳道鎔等人的九老會）他晚年卻選擇了北上跟隨溥儀，未酬志而歿，在當時廣東遺民圈中皆為之歎息。

　　丁仁長（1861－1926）字伯厚，號潛客，祖籍安徽懷寧，先世入粵，落籍番禺，祖父丁杰，道光舉人，按察使銜候補道員，父親丁志璧，縣學生，科名不高，但都是讀書人。丁仁長生於咸豐十一年，從小受到詩書教育，性格比較沉靜，十二歲時作〈古石賦〉，以古石之堅貞自況，當時有識者預言他日後成績不凡。十七歲中秀才，光緒八年（1882）中舉，光緒九年癸未科即中進士，他的殿試成績非常高，是二甲第三人（即第六名進士），選庶吉士，十二年散館授編修，充國史館協修。丁性格比較內向，不善鑽營，因此雖年少科甲，卻一直仕途緩慢。光緒十九年才第一次外派貴州鄉試正考官，清代故事，在京等待升遷的翰林官都是過着沉悶而清苦的生活，

偶爾獲得外派作考官（俗稱放差），則是意外之喜，第一是能出京走走，第二能收穫一筆可觀的收入（由外派地方和考生進獻，是合法收入）然而丁獲派的是窮省貴州，可能為其不善逢迎之故。

丁畢竟是擅長讀書思考之人，光緒二十年翰林大考，他榮獲二等，以翰林侍講升用。當時正是甲午戰爭初期，朝野震動之際，丁與其他年輕翰林官聚會於京師松筠庵，籌劃聯名上書，請啟用恭親王。二十二年由侍講轉侍讀，充日講起居註官。清代制度，翰林官至侍讀可以上奏摺言事，丁所上的第一道奏摺，就是請開停止多年的經筵，以復興御前講學，又搜集經典之中的「九法九戒」，加上清代列位先帝聖訓，編成五冊進呈光緒帝，主要講用人和行政之道，得旨留覽。

就在他擔任侍讀學士不久，收到廣州家書，說父親病危，他馬上南返，可惜半途收到父親已過世的噩耗，他因自己不能送終盡孝，十分自責，決定不再出仕。當時的粵督譚鍾麟久聞丁名氣，請其主持越華書院（在今廣州北京路一帶），培育不少人才。庚子之役，兩宮西逃，丁倡議廣東士紳貢獻物資送到陝西，受到行朝的嘉獎。回鑾之後，朝廷興起了「變法」的潮流，各地書院紛紛改為學堂，丁執教多年，他認為學堂初開，應該找「宗旨純正」的主事者，才能杜絕流弊，建議粵督將省城的惠濟義倉款項撥交辦學經費，定名為「教忠學堂」（今日廣州十三中學前身），1903 年岑春煊任粵督時，籌備兩廣大學堂，特聘請其擔任監督，然而此大學堂多方籌備，始終未能建成。1906 年 12 月，《香港華字日報》報道丁與紳士梁慶

迚早東皋闊文防北壨嘲龍蛇仍起蟄狐鼠各爭巢將
坤無長策交親爲縛茆眉間黃忽動早晚看剿蛟
病中清明
身似春蠶起最遲病如凍鶴翅低垂清明上巳徇同日
梟噪狐鳴又一時雲容慘喧游侶展石欄閒賭婦姑蔡
花球過市知多少空使居夷淡馬醫
昔在一首贈闇公時同客香港與漢道
昔在釋褐初妙年同見稱同讀東觀書平生見未曾玉
堂有譜牒穢粃猥先升會文競蟲篆壯采揚蛟騰咿唔

《僭客先生詩》 王

丁仁長《丁潛客先生遺詩》，1927年刊於廣州，書影中可見寫於香港興漢道的詩作。

桂等向粵督周馥建議，在廣州設團練總局開辦團練，以維持地方秩序。

宣統年間，丁仁長與陳伯陶等人成為廣州有影響力的地方大紳，並且在諮議局中掌握一定實力，宣統二年廣東諮議局討論是否應該嚴格禁賭，陳與丁是極力支持嚴禁的一派。宣統三年8月，丁任存古學堂監督時推薦學生讀《資治通鑒》，《香港華字日報》曾有刊載，這是他的名字最後一次出現在傳媒上。宣統年間，還有京官向朝廷推薦丁，曾有旨召見，丁以母親年高為由推卻。

辛亥革命後，丁太史為躲避戰亂，帶着母親南渡移居香港。他移居香港的時間，據詩集中所收詩記載，最早有〈偕澹庵闇公蛋廬訪九龍山居和真逸〉以及〈過澹庵龍湫新居詩以賀之並簡真逸〉，吳道鎔在1912年遷入龍湫井村，因此可知他

與吳同時南渡。期間他也偶爾回鄉，初到香港，他租住港島興漢道，與張學華比鄰而居，有〈昔在一首贈闇公時同客香港興漢道〉。

在香港島居住的生活，他寫下不少詩篇，記錄了與當時遺民的交往，縱酒狂歌是古人澆胸中塊壘的經典方法，張學華和賴際熙邀請他喝酒，他放歌寫道：

> 我生漂泊如鳧鷗，有家不歸棲荒陬。
> 進退維谷鯁在喉，羈思恐貽高堂憂。
> 〈闇公荔垞招飲放歌〉

同年農曆五月十二日，他又一次在賴太史家中痛飲，這次看來喝得淋漓暢快：

> 今夕何夕揮大斗，報道長鯨僵且朽。
> 淋漓共喋仇人血，飲器真成月支首。
> 酒酣歡呼驚四鄰，可憐百憤才一伸。
> 恨無爆竹助狂興，峻罰那顧旁人嗔。

為什麼這次痛飲如此采烈，看一下當時局勢，可知香港報紙剛剛報道袁世凱於前一日病逝的消息，遺民們將清室覆亡歸咎於袁，無怪乎他們聽到仇人棄世，幾乎要燒爆竹慶賀。

1916 年冬天，因為要給住廣州的老父親祝壽，丁太史回到廣州，丁巳復辟，老朋友溫肅躍躍欲試，北上效忠，當

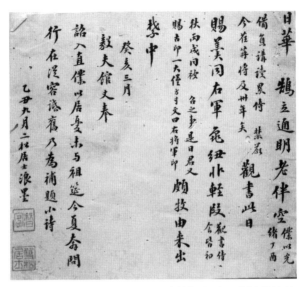

丁仁長太史題《香江送別圖卷詩》墨跡，此詩載於其詩集，為最後期作品。

時丁覺得時勢未定，暫且觀望，乃以詩壯其行，不久復辟果然失敗，丁再次感到失望。1920 年後他又一度移居香港。約在 1922－1923 年左右，他與吳道鎔、張學華、陳伯陶一起遊覽青山，在曹受培的莊園中寫詩四首，吳道鎔集中也有和作。筆者藏其手鈔《螭鰲韻紀》一書，是以詩歌形式記錄日講起居注官在朝廷排班的作品，其後有一段他於 1923 年重陽寫於香港的題跋：

> 宣統癸亥後重陽一日，檢讀一過，舳棱日遠，
> 朋伴星稀，不勝公孫劍器之感。

舳棱即古人稱呼皇室之謂，離開京城，朋友星散，更感

寂寞，也許是他晚年北上的原因之一。

　　與吳道鎔張學華的一心歸隱不同，我們從丁太史詩中，可見他對於時勢仍然十分關心，對清室也抱着忠誠的態度。甲子（1924）年春天他在廣州，正月十三是遜帝的萬壽誕，李文田之子李孔曼在西關探花第的泰華樓舉行了祝壽典禮，邀請了十二位遺民參加，丁是其中之一，他寫了長詩紀念。當年發生的北京政變，深深刺激了所有清遺民，馮玉祥廢除了《優待清室條例》，驅逐遜帝出紫禁城，隱居多年的丁仁長出於對故主的忠誠與義憤，辭別粵港家人，毅然決定北上，跟隨溥儀。

　　1925 年六月，丁太史與其侄兒一起乘輪船途經上海再到天津，在船上他寫詩送別侄兒說：

> 欲速翻遲晝復長，候潮取炭為誰忙。
> 此身未到心先到，一向朝陽一渭陽。

　　詩中表現了自己對於趨赴遜帝行朝急迫的心情，當年他已是六十四歲的老人。到達天津，他聯絡了昔日老朋友，如同年鄭孝胥、胡嗣瑗、陳毅等等，不過清室當時已經人浮於事，並沒有合適的位置馬上安排。況且比他年輕的實力派如胡嗣瑗、朱汝珍等都各有想法，生怕他來爭寵。畢竟離開權利中樞已久，他在政壇上也並沒有很多背景，所以溥儀只是賞了他幾次「御膳」，又賞了一點小錢，卻沒有安排實際的職務。丁太史忠誠仍不稍減，他編輯了《中興金鑒》、《先正讀史法》、《無逸齋十二思表》三種小書進獻給遜帝。

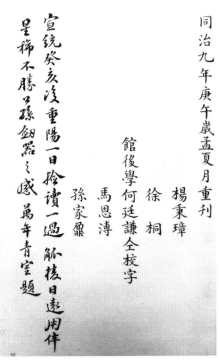

| 丁仁長手鈔《螭蟄韻紀》最後一頁，丁氏於 1923 年重記，説「舸棱日遠，朋輩星稀」。

　　1926 年秋天，北方天氣開始寒冷，丁漸感不適，仍然堅持請見溥儀，奏對歸來，病更嚴重，於農曆八月三十日在天津寓所病逝，年六十六歲。溥儀聞訊，賜匾額上書「履潔懷清」，作為對他的評價。丁太史原配馬氏夫人先卒，並無子嗣，以弟弟丁仁濟之子丁曰全為嗣，歸葬廣州。

　　丁仁長勤於讀書，惜著作不多，至今發現的只有他的學生李氏在他過世後搜集詩所刊印的《丁潛客先生遺詩》一卷，由吳道鎔作序，張學華、桂坫等題詩，於 1927 年刊印於廣

州。他生平好讀書抄書，晚年所抄書署名「萬年青室」，以此室名表示他對清室的忠心不變。丁太史也是書法名家，惜流傳較少，香港公眾場所似未見其手筆，陳步墀《繡詩樓叢書》有幾種由其題簽。筆者曾藏其為溫肅所寫條幅，又送溫肅北上之題詩一小斗方，含蓄穩重，極有功力。

九龍真逸陳伯陶

　　清代翰林院教育，以規矩嚴格著稱，這是因為翰林是進士中最優秀的人才，又是國家儲材之所，培養官僚最重要的一條，就是要他們守規矩，尊前輩和上級。無論做事、寫字、做人，都有一套繁瑣嚴謹的規程。因此我們看清代翰林官之間，講輩分講禮數，所有繁文縟節背後，都有一套嚴格的規律。在香港清遺民群體中，陳伯陶儼然是一位領袖人物。

　　陳伯陶的領袖地位，是因為他年紀老，輩分高。抗戰勝利後，香港人有所謂「同治仔」的說法，蓋當時離辛亥已經三十多年，光緒生人已經算老人，而同治朝生人（1874年之前）更為稀少，算是大老級別。陳伯陶生於咸豐五年（1855），在諸遺民之中年紀僅次於吳道鎔（1852），然而他科名和官位遠勝於吳。陳伯陶的家鄉東莞鳳涌，屬東莞講白話地區，陳氏是當地大族，其父親陳銘珪，與陳澧等嶺南大儒是好朋友，也是虔誠的道教徒，全真龍門派弟子。東莞在地理上與羅浮山接近，陳銘珪還是山上著名道觀酥醪觀的洞主。陳伯

陶自幼讀書聰明，六歲時，陳澧主講東莞石龍龍溪書院，為陳伯陶啟蒙，後來陳更入學海堂成為專課生。廣州學海堂由阮元創辦，早期學長如陳澧等人，都是有真才實學的大學者，學海堂與其他廣州書院不一樣，以學術為主，並不講求科舉。陳伯陶在學海堂嚴謹的學術氛圍下，打下深厚的史學和經學功夫，為日後轉型為學者奠定了基礎。

光緒元年（1875）陳中了秀才，四年後中廣東鄉試第一名解元，上京之後，他拜李文田為師，學習書法和文獻學，光緒十八年壬辰科（1892）探花及第，任文淵閣校理，武英殿協修等職。光緒二十一年起外派到雲南，貴州等地任鄉試考官。

筆者在陳氏後人家中，見到保存完好的多冊日記，其中較有價值的是《扈隨日記》，這是八國聯軍入侵時，兩宮西狩避難，陳伯陶先安頓家眷回東莞躲避，然後跟隨兩宮到西安並一直到次年回鑾的記錄。皇帝回到京城後，因扈隨有功，陳伯陶得以入直南書房。在清代，南

西貢墟天后古廟陳伯陶撰書對聯

書房是皇帝讀書之所，每日安排四位翰林官值班，任務是隨時起草文書，代筆詩詞，或者陪皇帝聊天鑒賞書畫等。能入直的都是皇帝欣賞的人才，不拘官階，從大學士到侍講都可入選。由於這個位置能親近天顏，被視為特殊的光寵，陳伯陶專門刻有「南齋侍從」印作為紀念。當時一同值班的還有張亨嘉，袁勵準等名流。陳氏後人保存有一幅珍貴的南齋翰林合影，四位翰林並列肅立，身穿冬季宮中特備的貂褂。北京冬天寒冷，入直南書房者特賜貂毛大褂，以示區別。

光緒三十二（1906）年起，陳伯陶外派江寧提學使，即江蘇省的教育長官。當年提倡出洋考察，外放的提學官可以申請到日本考察教育，他在當年的 6 月申請出洋，赴日本數月，這是他唯一一次出國。當年底回國就任，他的頂頭上司就是赫赫有名的兩江總督端方（1861－1911）。剛剛到任時，還發生過一樁虛驚，《香港華字日報》1907 年 8 月曾記載小道消息，說某日因公事陳求見端方，入座不久，端方見陳伯陶忽然低頭在腰間摸索，當時革命黨十分猖獗，暗殺成風，端以為這個廣東佬要掏手槍，大聲問意欲何為，陳大驚，半天才說不過天氣熱，要拿扇子出來云云，而端方已嚇出一身冷汗。

端方附庸風雅，喜歡金石古董，尤其是碑帖善本，東漢年間的《西嶽華山碑》傳世只有四種宋代拓本，端方已經收得其三，一直覬覦李文田舊藏的「順德本」，當時李已過世，由其兒子李孔曼保管。端方屬意陳伯陶以弟子之情義寫信李孔曼，以官職或者金錢誘其出讓拓本，然而李以家寶無價，並不買賬，此信和拓本今天完好地保存在香港中文大學文物館。

在江寧提學使任內，陳伯陶為官清正，宣統元年9月《香港華字日報》記錄一則陳當面怒抽下屬的新聞：

> 江寧某學教官考拔時，私受某甲乙二生賄賂，為陳提學所聞，特傳見該教官詢問，該教官出言頂撞，被陳提學當場批頰云。

可見當時陳對於貪腐的下屬，毫不留情面，這點他與其師李文田頗為相近。隨後因表現出色，陳升任江寧按察使，不過他出於對時局的敏感，知道當時形勢危急，遂提出請辭。這份請辭由粵督袁樹勛代遞，原文載於宣統二年（1910）8月30日《香港華字日報》，陳提出因母親葉氏年老需要奉養，從南京回到廣州。

回到廣東省城之後，陳因為探花的名望，在當時成為大紳的代表，當年12月，廣州成立「自治研究社」，陳伯陶任理事。1910年廣東省醞釀禁賭，陳伯陶與丁仁長等聯名支持，卻遭到港商反對，他們聯合致電陳伯陶與江孔殷，聲稱廣東的財政收入主要來自於賭捐和煙酒捐，若取締賭博，則只有增加煙酒等行業的捐稅，勢必影響生計云云。

不久辛亥革命爆發，因家鄉莞城民軍沒收其產業，陳伯陶憤然離開廣州，移居香港，並且聲言不踏入廣東一步。在居港遺民中，他對抗民國是意志堅定的。此後不管是粵督軍禮聘還是東莞方志局的邀請，他都不再踏足廣東，東莞方志局只能在九龍設立編撰小組，協助他編《東莞縣志》。

在香港的隱居之所，陳伯陶也是苦心選擇，當時英國人的統治中心在香港島，陳伯陶不願住港島，新界又太偏僻，於是他選擇了九龍城，這裏靠近南宋行宮所在的宋王臺聖山，又靠近中國的飛地九龍城寨，很能滿足陳探花的故國之思。編志之餘，他邀請當時居港遺民一起組織「宋臺秋唱」雅集，並且牽頭保護宋王臺古跡，又以自己的影響力，請客家富商李瑞琴出資修築聖山上的台階和步道牌坊，使之成為九龍的風景名勝地。

陳伯陶的學術貢獻，上篇已經有論及，在香港文化史上，他是第一個研究本土歷史文化的著名人物，除了宋王臺的歷史研究，他還考證宋代官富場，楊侯王廟的歷史等。他請工人在傳說中宋代行宮遺址挖掘，挖出不少宋代古瓦，以此證明傳說的真實性，寫了《南宋行宮古瓦歌》，也是香港近代考古先驅之一。

在隱居期間，陳伯陶著述豐富，經學類如《孝經說》，史學類如《勝朝粵東遺民錄》、《宋東莞遺民錄》及《東莞縣志》九十八卷，詩詞類《瓜廬詩賸》及《瓜廬文賸》各四卷等。

陳伯陶對於清室的忠誠，也是一時無兩，無愧香港遺民之首。1922 年宣統大婚，陳伯陶認為當時皇室岌岌可危，急需經濟支持，於是向清室保證能捐一兩萬之數，然而當時能拿出手的每人都只有幾百圓。最後陳伯陶自己傾其所有，問陳子丹和李瑞琴等人一起張羅了一萬圓，加上其他遺民聯合捐輸的五六千圓一起，他親自帶上京城。在他晚年的〈七十自述〉詩中回憶起這次重臨南書房舊地，他寫道：

前年至京師，匍匐賀天喜。

愚誠獻野芹，仁厚念豐芑。

溫室召座談，禮我如囤綺。

命我乘安輿，扶持下峻氾。

　　這次北上，也是他晚年唯一一次離開香港，遜帝為了表示謝意，特賞他「紫禁城騎馬」的虛銜，還有高宗所用金盒、荷包、如意等回禮。

　　親家賴太史創辦學海書樓，陳伯陶也多方支持，除了以學海堂的名義命名書樓之外，陳伯陶還將自己和其他遺民送來的著作送書樓保管，他也常留宿書樓，見於賴際熙所藏札：

　　送上張寓荃（按即東莞翰林張其淦）所著老子約三本，請存書樓二本，餘一本送足下鑒定，此請大安。

　　送復《元名臣事略》四本，乞查收，並借《明季稗史》全部，《廣州府志》人物傳，《寓賢名宦》不用，希撿交與介，攜傳為盼。

　　初八日李瑞琴兄之約，如天氣晴朗，當如期赴召，夜間借書樓歇宿。如仍有風雨，則不能渡海矣。

　　這些信函中，可見陳對於學海書樓的重視，也常使用書樓藏書作學術研究。與賴太史經常周旋官商不同，陳潛心學術，除了朋友之間聚會外，極少公開應酬，在 1911 年之後的香港報刊中，幾乎見不到有關他出席任何場面的記錄，是名副

| 青山禪院陳伯陶所題牌坊新建時留影

其實的「九龍真逸」。

　　陳伯陶書法也頗有特色，早年他學李文田的字體，扁而厚重的魏碑體寫得很有氣勢。中年之後，加入顏體的方正，自成一格。他似乎沒有訂潤例賣字，流傳也不多，只有重要的場所能請他題字，例如香港上環的「贊育醫院」，西貢天后宮門聯，還有著名的青山禪院「香海名山」牌坊對聯等。

　　1931 年陳伯陶在九龍城瓜廬病逝，遺摺遞到遜帝前，溥儀念老臣辛勞，賜予「文良」的謚號，並賞給治喪費和御賜陀羅經被一床。陳遺言歸葬廣東，遂選址在今日廣州東郊蘿崗小金峰山頭下葬。此地原址在山坡一處巨石之下，由其次子陳良士負責設計建築。陳良士建築專業出身，用鋼筋混凝土加上結

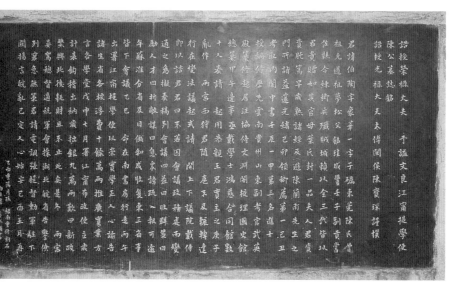

| 陳伯陶墓誌右側部分（原石被盜），本書作者補書重刻。

實的鵝卵石拌入，十分堅固。墓地由三層組成，前方有華表一對，石獅上寫「陳探花第」，墓碑由溫肅題寫，兩旁有太傅陳寶琛所撰墓誌石碑兩方。

　　陳伯陶墓因位置偏僻，一直保存完好。直到 2004 年，當地因為發展商要開發，被迫遷墓，連同旁邊的同盟會員林雲陔墓一起，移往山頂另擇地安葬，並補立區級文物保護單位的牌子。筆者隨同陳伯陶之孫陳紹南經營重修事宜，因營葬時過於堅固，當時用大型鑽鑿機械才能將鵝卵石混凝土地台鑿開，家屬專門詢問了當時九十高齡，遠在加拿大的陳伯陶幼女有關棺木下葬的情形。待棺木打開後，才發現已經被盜，盜洞長達二十餘米，從混凝土界外開始打入鑽洞，棺中除部分骸骨之外，只發現鎏金帽頂一枚，後來以金塔將帽頂和骸骨重新安

放，遺失的左側一方陳太傅墓誌由筆者補書嵌回。

　　陳伯陶雖然以遺民自居，兒女教育卻都接受西式教育，次子陳良士，留學美國康奈爾大學建築碩士，書法酷似其父，能為父親代筆書信，學成歸國後，歷任廣州市工務局局長，嶺南大學工學院院長等。陳良士之子陳紹南，亦為建築師，2010 年後接任學海書樓主席，繼承祖輩的事業。

多才多藝崔廣沅

　　晚清居停香港翰林之中，來自山東的崔廣沅是一位較罕為人知的才子。

　　崔廣沅（1855－1927），字子湘，又字芷蓀，號壽蘅，又號石癡。山東兗州府嶧縣（棗莊）齊村人。清咸豐六年六月初一生，祖父河南試用知縣直隸州知州崔鵬翔。廣沅光緒十五年（1889）中舉人，次年光緒十六年（1890）進士，即清代所謂連捷進士，欽點翰林院庶吉士，散館授編修。工書法，亦善花鳥，在京師畫界頗有聲譽。

　　光緒二十五年（1899），廣東發生了「平石事件」，此事今日較少人提及，在當年卻是重要的歷史事件。該年 11 月 12 日，駐守在廣東吳川縣門頭一帶的法國軍艦「笛卡爾號」上的兩名低級軍官，在沒有護衛的情況下來到廣州灣的麻斜海面，並到達遂溪縣的平石村。當地的民間守衛（練勇）隨即鳴鑼集眾，當場將二人擊斃，史稱「平石事件」。

　　案發後，遂溪知縣李鍾玨恰巧外出，不能準確了解情況

| 崔廣沅瓜果圖扇頁（崔氏家族藏）

但仍採取措施，在上奏兩廣總督譚鍾麟時又含糊其辭，譚鍾麟
在對廣州灣的法軍立場上一向強硬，因此上奏總理衙門時也強
調，法軍在當地一向橫行，遂溪一帶民眾對此態度反感。

　　11月14日，法國公使向總理衙門發出五項要求，除了
處決民兵殺人犯之外，還有撤換兩廣總督，貶去遂溪知縣等。

　　總理衙門開始時，想以周旋方式袒護中方官僚，然而法
國公使畢盛步步緊逼，總理衙門也頗為不滿粵督譚鍾麟，於是
在12月19日，清廷電令譚鍾麟離粵入京，接替他位置的，
正是外交經驗豐厚的李鴻章。遂溪知縣一職，由年輕的山東
人，翰林崔廣沅接任。

　　崔廣沅在赴任途徑香港時，寫下〈過香港〉七絕：

　　　　長天一色水雲賒，湧閣飛樓面面遮，
　　　　萬古洪濤移不去，天留此島界中華。

　　聯繫到他此行接任的背景和當時列強環伺的形勢，「天留
此島界中華」的意味更加深長。

崔太史到任不久，得知境內黃略村被大火焚燒，崔廣沅立刻上報，然後撥庫銀五千兩，作為重建之用，深得縣民稱讚。境內某村民打死二名傳教士，英國政府派出軍艦兩艘，揚言不交出兇手就要炮轟村莊，實在無計可施，最後決定從監牢中提出二名死囚頂替。崔廣沅還因此事掉了許多眼淚，說他雖是死囚，但未到死期。光緒二十七年（1901 年）他任廣東鄉試主考官，考試終結，升任雷州知州。此時他本應在廣東留下更多宦跡，不幸因父親崔錫級去世，他需要守制回鄉，再次經過香港時，又寫下了〈由遂溪旋廣州於愛輪船抵香港小住〉七律：

> 重經港浦偏增慨，風景流連喚奈何。
> 倒影樓台連島嶼，騰空燈火亂星河。
> 心傷宦海波濤險，夢破鄉關涕淚多。
> 萬里長風真負卻，與誰擊楫助吟哦。

此時香港電燈公司已經開業，港島處處燈火輝煌，經歷了宦海磨煉的崔太史，卻是心情複雜，回到老家棗莊，他從此隱居不出，移情花木書畫，過着愜意的寓公生活。

1923 年，當時年近古稀的崔太史，又一次成為新聞人物，這次是因當地發生了近代史上有名的「臨城劫車案」，5月 6 日，土匪孫美瑤和他的手下一千多人，劫持從江蘇開往天津的藍皮特快列車，車上有中外旅客多人。其中包括參加山東黃河宮家口堤岸落成典禮的中外記者。

由於案件涉及多達 19 名外國人，上海《申報》連篇做出報道。案發在棗莊，當地最有影響的士紳就是崔太史，因此地

方官邀請年高望重的崔太史與孫美瑤談判，希望運用他的影響力讓孫放人。

崔廣沅富貴圖（崔氏家族供圖）

> 北京電，嶧縣耆老李麟閣、崔翰林偕匪巢放還之楊琪山入匪巢說票，匪在抱犢崮，人票在另外兩個山頭。美使所派之達維斯、費倫二人，報告恒贄已回。穆安素、抱惠爾等均有函告安。穆安素病目已愈，尚有西人十五名未釋。（《申報》1923 年 5 月 13 日）

> 嶧縣紳耆崔翰林、李麟閣、楊琪山十一日攜帶食品藥料入山與匪接洽，因匪要求條件過奢。崔李不敢負責，無結果而回。（《申報》1923 年 5 月 15 日）

當年老太史已年近七旬，為救人質仍敢深入土匪虎穴，其勇敢令人敬重。由於孫美瑤開價過高，崔太史無功而返。此案最後在徐海鎮守使陳調元的機智調停下解決，孫美瑤及其手下被改編成正規軍，外國和中國人質先後獲釋。

1927 年，桑榆晚景二十又六載後。崔廣沅在棗莊齊村園裏故去，葬在祠堂邊祖墳，享年 72 歲。遺著有《似園詩草》六卷，《似園詞草》二卷、《宦遊吟草》一卷、《品石山房文集》等。

闇齋道士張學華

　　談及香港的晚清太史，文化界多數列舉學海書樓的七位太史，但筆者發現，其實早在學海書樓開設之前，聚居香港的太史數量並不少，只是較少為學界所關注，其中又以吳道鎔組織的「九老會」中人為主，這幾位太史早在辛亥之後已經南遷，但由於他們在 1930 年前後多數因局勢穩定，回歸廣州（除陳伯陶外），因此他們在香港的事跡，幾乎被遺忘了，張學華（1863－1951）即其中代表人物。

　　張學華字漢三，號闇齋，道號永闇，其家族原籍江蘇丹徒，先世遊幕於廣東，落籍番禺捕屬，即今日廣州市內。光緒十六年（1890）庚寅科進士，選庶吉士，散館授翰林檢討，歷任國史館協修，山西道監察御史，山東登州和濟南知府，宣統三年，授江西提法使，後因辛亥革命爆發，未上任而回廣東，然而遺民間都以其最後官銜相稱為「漢三提刑」。

　　辛亥之後，張學華和吳道鎔等人先後移居香港，張住的時間較長，賴際熙家藏信札中有吳道鎔致張學華信：

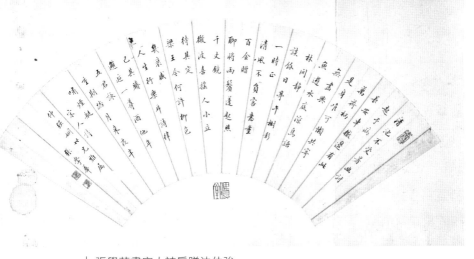

| 張學華書宋人詩扇贈沈仲強

闇老道席：本日承手教並辱寵召，謝謝，弟明晨
返省，計不過一二日耽擱，如能趕及，定當陪侍，
逾四點鐘請勿候也。

此信可見當時張住在香港，遺民互相之間經常文酒高會，
「返省」即從香港回到廣州，民國初年，粵港之間的交通已經非
常頻繁而便利，吳道鎔後來回廣州定居，張學華不久也回到廣
州，住西關寶華路老宅。此後張經常流連於省港澳之間，張從
香港回廣州時間，應在宣統大婚之前，見其致賴太史函云：

明日先將收到之數寄匯，想十五可交兄收。
請連港中輪款彙匯，須用摺稿已擬成。明日連款同
寄上，請酌用。照憲綱，以梁小山兄領銜最合，以
下各銜名，應先京官，次外官，照衙門先後次序全
列。望告礪老定之。

1922 年，遜帝與婉容大婚，當時總統徐世昌和黎元洪各進獻大洋兩萬，遺民之間，積極籌備獻金，粵港兩地遺民，以陳伯陶等為首號召捐獻，此信提到張學華在廣州籌款情形，小山即梁慶桂，礪老為陳伯陶之號。信中特別提到進獻款需寫賀摺，由誰領銜，如何書銜，體現出遺民心中對於故國的拳拳之心。

　　居港期間，他住在九龍，與陳伯陶，吳道鎔等人結鄰，時常互相聚會，陳伯陶以羅浮山酥醪觀的特產菜乾贈與賴際熙和張學華，張寫詩感歎：

> 西山薇蕨萬緣休，巾塵蕭閒百尺樓。
> 我愧中年聞道晚，更無清福住羅浮。

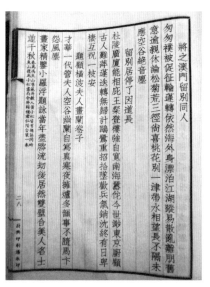

| 張學華《闇齋稿》書影，其中有寫給香港學生黃了因的詩。

詩中以商遺民伯夷叔齊的西山採薇作比喻，百尺樓則用陳元龍的典故。「聞道」指陳伯陶和張與吳等人一起入道，皈依傳真龍門派，他們三人道號為永字輩。遺民們還經常攜杖出遊香港名勝，張有〈與九龍山人同遊青山宿杯渡寺〉詩，其中「曲磴千盤松石古，遠山一角古亭幽」一聯，極寫青山禪院之美，此行也見於吳道鎔的詩集。除青山之外，他還和俞叔文劉伯端一起遊太平山，與陳伯陶一起多次遊宋王臺聖山等，均有詩篇傳世。

1930 年，陳伯陶去世，歸葬廣州，張學華為其撰寫傳記，最後一段說：

> 公（按指陳伯陶）曩與余同避地香港，晨夕過從，每有撰著，必以見示，間述生平行事，感慨往復商榷，一日數函，至今盈篋。偶一檢視，悲愴無已。公嘗戲語余：他日為我作墓銘。余悚謝不敢當。

回到廣州，張學華繼續支持老前輩吳道鎔編寫大型的文獻著作《廣東文徵》。1937 年七月，他再次避兵移居香港，住在薄扶林一帶，汪兆鏞從澳門寄詩來，他有和作。維持生計則在富商黃梓林家設館。這一年底因老朋友汪兆鏞之召，移居澳門，有〈將之澳門留別同人〉詩。張學華留居澳門先後七次，最長的一次則在抗戰時期，居澳七年之久。此期間老朋友汪兆鏞去世，張為其寫墓志銘，情見乎文。1942 年底，張八十生日，溥儀御賜「永綏吉劭」匾額，以示祝賀。他在澳

門的住宅為自購物業，昔日與吳道鎔，金湛霖相約購下作鄰居，抗戰前故人星散，只剩下他一人在澳門。

1943年初，張太史回到廣州，繼續住在寶華路德源里老宅，此時廣州太史已經不多，他和桂坫是碩果僅存的兩人，同住在西關。1946年正月十三日，是溥儀的生辰，往年這個日子，張都與汪兆鏞同到澳門蓮峰寺禮佛祝壽，此時溥儀早已被蘇聯紅軍俘虜，張學華卻依然獨自到廣州大佛寺禮佛，為溥儀祈福。

1949年桂坫移居香港，張學華以老病未能同往，更感孤單，他只能時常寫信給香港老朋友，以文字寄意。1950年十一月，桂太史在港慶祝鄉舉六十周年，張寫詩祝賀，這是他最後留下的詩作：

> 兩地相逢意自親，與君同是八旬人。
> 巢恨零落難重問，劫後侵尋又一新。
> 綺陌看花疑隔世，金罍浮菊喜逢辰。
> 蓬山舊侶垂垂盡，獨有寒松健在身。

蓬山是清代人對於翰林的稱呼，因其玉堂金馬，望之如神仙中人。他們兩位太史，昔日都是少年科甲，人生贏家。垂暮老年，卻疊遭世變，身邊的同輩晚輩先後辭世，感慨之深，躍然紙上。

1951年張太史於廣州過世，留下著作有《採薇百詠》《闇齋稿》兩部。張書法娟秀，如少女簪花，韻致翩然。他在港沒

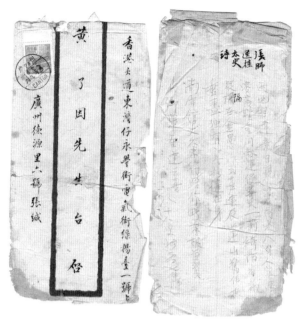

| 張學華 1951 年在廣州寫給香港學生黃了因的信函，背後鉛筆抄寫了贈桂太史七律，感人至深。

有留下大字作品，廣州麓湖畔的「白雲仙館」是他存世極少的大字榜書之作，仙館是道家修煉之所，請龍門派道侶寫門額當日是應有之意（仙館對聯無款，為桂坫太史手筆）。他還能寫篆書，筆意圓轉有力，見於《廣東歷代書法集》。

鄉居淡泊何國澧

　　晚清翰林官群體雖然是萬眾仰視的「太史公」，然而玉堂金馬之中，也不乏自甘淡泊，不慕仕進，甚至有甘於過平淡鄉居生活的，順德何國澧太史就是其中典型。

　　何國澧字蘭愷，咸豐九年（1859）出生於順德樂從沙邊鄉，父親何次藹，是當地富裕之家。何次藹有五子，長子何國澄，光緒十六年（1890）庚寅科三甲進士，授內閣中書銜。何國澧中光緒二十四年（1898）進士，選翰林庶吉士，光緒二十九年散館，為期五年，通常庶吉士散館（即在翰林院學習）期為三年，何國澧這一屆因八國聯軍佔領京師並燒毀翰林院，故延遲至五年才散館。

　　何散館之後授予翰林編修，並擔任國史館協修，因修國史有功加三品銜。宣統繼位後，任光緒帝的《德宗實錄》纂修官，在京城歡送戴鴻慈入閣的合照之中，我們見到這位太史公留下的唯一照片。存世有一通他寫給黃誥太史的信函，談到留在北京生活的大不易：

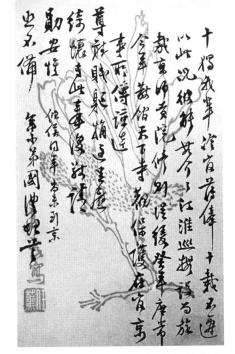

| 何國澧信札，其中提到窮翰林的生活情狀，鄧又同先生捐贈。

> 視他人各有前因，而不能無所羨之。蓋外官大者固望若登仙，即知縣一途，虎之後又有豹，於是部員改外者轉盼間選確矣。獨我輩冷官薄俸，十載不遷，以此況彼，能無介之。

清末知縣一職，很多人在排隊等，當時規定翰林散館可以優先排隊揀選，稱為「老虎班」，進士稱為「豹班」，此信道盡小翰林官苦況。辛亥革命爆發，湖北宣佈獨立之後，各地革命風潮遍佈，宣統三年十一月，一眾在北京的廣東籍翰林聯名通電，安撫廣東民眾，被報紙譏笑為「京官臨急抱佛腳」，其中聯名者包括周廷幹、何國澧、賴際熙、朱汝珍和溫肅，這是何國澧以官方身份最後一次出現在媒體上。

民國建立之後，何國澧回到順德鄉下隱居，順德樂從是富庶的魚米之鄉，何家在當地也頗有影響力，所以他隱居著述，偶爾到省城和香港探訪老朋友。在晚清廣東翰林之中，鄉居不入城市者並不多見。

由於何太史兒子早年已到香港生活，故何太史偶爾也會到香港，他留下兩篇有趣的文章，即〈永安公司二十五周年記〉與〈香港東華醫院六十周年記〉。這兩篇文章都是當時公開徵文，永安公司創辦於光緒三十三年（1907），是香港最大的華資百貨公司之一，〈永安公司二十五周年記〉作於1932年，以駢文寫成，每句都用古書中與「二十五」數字相關的典故，足見作者的博學與強記。這篇文章在當年徵文獲得第一名，可謂實至名歸。

〈東華醫院六十周年記〉創作於1930年，也是用駢文寫成，與永安公司記不同的是，這篇駢文每一段用「東華醫院六十周年」幾個字作每一句的開頭，這種炫耀文字技巧的學問，是舊日太史公們雕琢文字的基本功。

有趣的是，何太史這兩篇文章，參加徵文的時候都不署自己的名字，以示公正。永安公司的第一名文章署其兒子之名，東華醫院徵文則署「澎海遺民」，這是太史隱居時所用別號，澎海是流經樂從一段珠江的名字，東華的徵文當時評比列為第十名。

何太史的書法，存世甚為罕見，其家族亦鮮有保存，筆者藏其行書對聯一副，文為「呼酒撚花尋舊句，焚香清座讀唐詩」，字體輕鬆隨意中又見沉厚。

何太史卒年，有幾種說法，台北故宮博物院文獻處網站上註為 1937 年，據筆者向何幼惠先生採訪，他生於 1932 年，在順德鄉間長大，然而童年未曾見過太史公，應該在 1932 年左右辭世。

何太史的五弟何國溥，清末秀才，因文采非凡，與長兄二哥有「何家三鳳」的稱號，本來期許他也能中進士，可惜清廷取消科舉，他一直鄉居料

| 何國溥行書七言聯

理家族事務。由於曾短暫擔任樂從鎮的日偽維持會職務，在 1951 年被捕入大良看守所，絕食而死。國溥的兩個兒子，今日在香港文化界影響頗大，何叔惠（1919－2012）號薇庵，從何太史之女婿讀私塾，深通經學，書法，詩詞，創設「鳳山藝文院」，講授國學，著作有《薇庵存稿》等。幼子何幼惠（1932－）幼年在順德讀私塾，任大方書畫會長，工書法詩詞，著有《何幼惠自書詩詞集》等。何氏兄弟在香港書法界有較大影響，因為他們從小接受私塾教育，繼承了父輩的館閣體書風，其書法雅正平和，是香港最後一代能寫正宗館閣體書法的傳人。

琴書隱居伍銓萃

　　1920 年代的《香江九老圖》合影之中，後排站立一位矮矮的身影，即伍銓萃太史。伍太史在清遺民中，輩分高，資格老，然而史料留存獨少。同為遺民的汪兆鏞在寫給史學大家陳垣的信裏面說：

> 　　前晤李孔曼兄（筆者按，即李文田之獨子），談及屬查伍叔葆同年生平事實，當詢其家有無撰具行狀，只交到哀啟一紙，甚簡略。復檢取其案頭日記，確有端緒，掇拾成篇，附上祈察閱，付志局加以潤色，編入人物志中。

　　陳垣先生是伍太史同鄉，對於這位前輩十分敬重，他特意委託汪兆鏞去詢問伍氏家人，遺憾的是家裏所藏史料也很少，所以汪兆鏞在信後段說「叔葆往還甚愜，而敘述只此，良愧故人矣。」（見《汪兆鏞致陳垣函》）

伍銓萃字叔葆（1865－1934），他在光緒十八年（1892）壬辰科殿試中二甲第十二名進士，名次非常優秀，授翰林院編修，光緒二十七年，充廣西副考官。外官至湖北鄖陽知府。精通醫學，創辦

| 元朗沙埔村伍氏宗祠懸掛伍銓萃翰林功名牌匾

廣東廣漢專門學校，任校長。辛亥革命後，他曾一度居住在羅浮山酥醪觀中，任該觀主持，道號「永堥」。

伍銓萃與陳伯陶是同科進士，雖籍貫新會，但在廣州西關出生長大。筆者與伍家三代交誼，其幼子與先祖為好友。然而他們家中對於先輩的事蹟，所知非常有限。

晚清報章中，隱約可見伍在辛亥前的事跡，光緒三十二年（1906）間，他在廣州任職，主管教育，是粵督岑春煊的下屬，曾參與將廣州寺廟拍賣充公的事，其中包括將著名古寺長壽寺充公拆毀，為廣州士紳所厭。宣統初年，任職湖北鄖陽知府，曾寫有《北行日記》，今存台灣「國家圖書館」。

在鄖陽知府任上不久，伍即短時間改任署理武昌知府，時在宣統二年（1910）1月。次年武昌爆發起義，他隨即逃回廣東。此後還有一段插曲，因為他匆匆南逃，在鄖陽知府任內的公款去向不明。1913年5月17日，曾遭到湖北都督下令湖北民政長向廣東政府通緝伍太史，廣東方面也將此令發往新會，但早在此之前，伍太史已南渡香港做了寓公。

伍銓萃此後的生涯，文獻記載缺失，1917年他參與了陳

伯陶的宋臺雅集，隨後又在「九老」聚會上留影，1933年幼子出生不久，他就在廣州辭世。

伍銓萃早年結識梁鼎芬，與梁關係頗為密切，《節庵先生詩集》中有幾首詩與其有關，伍曾致賴際熙一函提到梁鼎芬與他自己近況：

> 節庵先生前承諸鄉君子為之公舉博學通儒，既感且卻。自學部一舉，通儒再舉，廣東教育總會三舉，皆不就，因此亦不見客。（中略）弟處此間（筆者按當指鄖陽）已三閱月，忙冗異常，昕宵不暇，而吏事民生毫無實際，私家經濟，尚須賠累。回首玉堂，真如天上，此非門面語也。

| 伍銓萃行書條幅

由此可見他與賴談到湖北當官的困苦，生活也不容易，自然懷緬一同在翰林院的輕鬆時光。伍擅書法，傳世不多，筆者所見數件，學柳體楷書功力非凡，行書則以東坡為依歸，沉穩厚重。

值得一提的是伍太史是近代廣東著名的古琴家，梁鼎芬詩〈同林國賡伍銓萃遊琴臺〉其中就提到他藏有一張古琴名為「玉雁」。得琴的時間，大約在光緒三十一

（1905）年。詩中寫道「五年不到碧苔深，有客初攜玉雁琴。」所以伍的書齋名之一，叫做「玉雁莊」。

佛山圖書館藏有一部伍太史手鈔之古琴譜，封面題名為《琴譜雜錄》，有「荃翠山房藏本」字樣，據楷書字分析，為伍太史手鈔本。琴譜分為上下兩部分，上卷抄錄琴曲四首，包括《清夜書聲》等，下卷抄錄小曲六首，包括《搗衣》等，均為抄錄明清古曲，並非自創曲目。

| 元朗沙埔村伍氏宗祠懸掛伍銓萃照片

南渡香港時期，他經常在遺民的雅集上彈琴助興，吳道鎔曾有〈夜過真逸宅聽蟄公彈琴〉詩，詩中提到伍在香港收得一琴，陳伯陶審定為唐代古物，「琴留唐故物，地近宋遺宮」，遺民的心靈在中原的文化符號下得到暫時的慰藉。伍太史又主持了廣東伍氏闔族總譜的編撰，這是珠三角伍氏家族的一種大型通譜，今日香港元朗沙埔村伍氏宗祠仍然懸掛有伍太史的翰林庶吉士功名牌和他的照片，將其視為廣東伍氏家族的驕傲。

伍太史風雅擅文詞，又精鑒賞，擅古琴，他曾經收藏不少前賢書畫，還拿到湖北，請梁鼎芬題詩，當年太史同鄉陳垣先生曾經走訪他的家人，想獲得更多資料，無功而返。清代翰林基本上有寫日記的習慣，從上引汪兆鏞所說，他的日記曾經有多冊，至今僅知有一冊保存在台灣。歷經劫難之後，其家後人保留他的遺物，唯有一方圓形的「叔葆」水晶印，豈不令人浩歎。

翰林第一桂南屏

居港晚清遺民之中，論德高望重，能享大年，最為長壽者，當推桂南屏太史。

桂坫（1867－1958）字南屏，南海人，世居廣州西關，其父親桂文燦，著名經學家，曾與陳澧等合編《廣東圖志》，叔父桂文耀是翰林，兄長桂壇也是經學家。桂坫於光緒二十年（1894）中甲午科進士，選庶吉士，散館授檢討，桂坫的官場經歷不多，曾任國史館總纂，浙江嚴州知府。宣統初年，辭官回廣東，曾任東莞石龍書院山長，民國成立後任廣東通志館總纂。桂太史學問淵博，史學功夫尤為精湛，他主持修撰的縣志有《廣州人物誌》、《宣統續修南海縣志》、《恩平縣志》及《西寧縣志》等，並著有《晉磚漢瓦室類稿》一種。

老一輩香港文化界尊稱他為桂南屏，又稱桂太史，早在抗戰之前，他已常來往於粵港之間，與居港太史聚會，在「香江九老」合影中，他站在後排最右側，以示尊重前排輩分高的前輩。香港保良局大堂懸掛有他撰寫於 1937 年的長聯：

青深保障案待澄清夙夜在
公秉燭勤勤期叶義
　運紀幹旋典隆慶喜居諸回
溯弄珠落落妙循環

保良局博物館所掛
桂玷書長聯

　　此聯為慶祝保良局建立六十周年，所用典故，古雅貼切，在當時遺老之中，桂太史以文辭用典豐富著稱，保良局還有另一副長聯在正門外，則是桂太史 1955 年所寫了。

　　抗戰結束後，內戰開始，這時候老輩凋零，很多遺老已經過世。僅存的太史公，也多是癸卯甲辰兩科進士，桂太史科名比他們早十年，所以他刻了一方印章：海內翰林第一。

　　1949 年 5 月底，中國內地戰雲密佈，桂太史從廣州西關太史第遷居香港，與其子居住於尖沙咀漆咸道，並且通過中環的藝一印社，公開訂潤賣書法。

　　桂玷的書法非常有個人特色，與當時流行的館閣體頗有不同，他根柢於顏體和柳體，早年他在南海同鄉，外交家張蔭桓家中作文書，經常為張寫各種往來書札，張的文辭和書法都有湛深功力，所以桂玷打下了堅實的基礎，又跟隨張蔭桓的老朋友李文田學書，更得沉穩的筆意。南屏太史書法看似簡

| 桂坫畫蘭花小品

| 今日香港道觀所印贈經文
上仍用桂坫題簽

拙，其實神采十足，對聯尤為精彩。今日香港仍留有他所寫不少牌匾碑記，例如道教青松觀，佛教東林念佛堂等。臨池之外，他還能畫幾筆蘭花，疏花點葉，頗有文人雅趣。

　　1949 年後居港的老輩翰林，只剩下桂太史和岑光樾兩位，因此很多場面都邀請他們出席，以示隆重。各種文化活動，大至紀念文化名人誕辰，小至兒童開筆啟蒙，都可見桂太史清癯的身影。桂太史為人平和，精力旺盛，在廣州時，凡有求字者，太史多數是即場揮毫，在香港居住的十年，太史公開訂潤格，來者不拒。香港文化界對於桂太史的筆墨也是愛不釋手，於是 1952 年，各界籌備了一場規模盛大的個人書法展。舉行展覽賣書畫是近代興起的展覽形式，而一般太史公，多自矜重身價，在近代展覽歷史上，為在世的太史公舉辦書法展恐怕也是獨此一回。

　　展覽定在該年的 8 月 25 日舉行，發起人包括香港名人周

壽臣，朱子範等。展場在港島中環的思豪酒店，展期三天，作品一共有一百多幅，開幕嘉賓，冠蓋雲集，甚至包括了當時訪港小住的張大千。由於首次為翰林太史舉辦展覽，觀眾之多，令當時新聞界也為之側目，《工商日報》等用特輯的形式報道此次展覽盛況，並配有太史書畫作品圖片。

此次歷史性展覽一共三天，展覽的第二天，著名畫家呂燦銘在《工商日報》專門撰長文高度讚揚太史的書畫說：

> 畫學最高之標準在靈感，書法最高之標準在風格，如何可以說成就此風格，則神韻氣息，未可言傳。即一般觀太史之書法者，有所感而悟之，則太史書展為不虛，余之不憚詞費亦為不虛矣。

展覽到了第三天結束時，《工商日報》再次報道，全場所有一百多幅展品，全部被訂購一空，且重複再訂者，居然也達到了一百多件，創下了香港有史以來展覽銷售書畫的最高紀錄，足見桂太史在香港的影響。

1958 年 4 月 8 日，桂太史因胃病於養和醫院病逝，享年九十四歲，為居港晚清翰林之最長壽者，當年 5 月 12 日，全港各界在孔聖堂舉行了隆重的公祭儀式。會堂用鮮花砌成「海內翰林第一」字樣，由教育家盧湘父主持公祭，各界致送的花籃輓聯牌匾掛滿了會堂。桂太史墓地坐落在香港仔華人墳場，是四位葬在香港的太史之一，墓碑上書「清翰林院檢討桂公南屏之墓」。

情繫鄉梓謝遠涵

香港沿襲了清末以來民間結社的風氣，各種團體眾多，其中不少組織的歷史在百年以上。今日香港的重要團體之中，有百年歷史的客家組織「崇正總會」擁有較高的名望和影響力。

崇正總會又名崇正會館，原名旅港崇正工商總會，1921年由客籍名士胡文虎，李瑞琴等創辦，並公推德高望重的賴際熙太史為首任會長。賴太史為首任崇正會長事跡早已眾口相傳，但是崇正另外一位太史會長則鮮為人知，這位太史在近代史上的知名度，並不在賴際熙之下。

謝遠涵像

謝遠涵（1875－1950）字敬虛，江西興國人，光緒癸巳科（1893）舉人，光緒甲午科（1895）

進士，選翰林庶吉士，當年才二十歲，可謂春風得意。光緒末年，他已出任監察御史，宣統二年出任江西諮議局議長。民國成立後，他出任北洋政府的內務部次長兼北京市政督辦，並代理內務部長。1918年，他與廣東的關係開始密切，出任廣東軍政府秘書長，與當年的政壇新星蔣介石組織民治社，1922年，孫中山指派其出任江西省長，北洋政府黎元洪也派其任同一職務，但謝因故未到任。

賴際熙家藏信札之中，有一通謝遠涵與賴際熙的通信頗有價值：

煥文先生大鑒：

在港獲親教言，良慰渴慕。自澳返粵，滿擬句留浹旬，藉傾積愫。乃忽接家慈病重之電，遂匆匆北返，未及走辭。（中略）前年兩次來港，即覺九龍有可以辦學之機，此次本欲暢陳所懷，又因事阻，未及面商，至為怏怏，曾托李宋三君轉達鄙忱，諒蒙台察。將來重新傾蓋，猶當親聆雅訓也，先此奉白，敬請道安。弟謝遠涵敬啟

信中提到謝遠涵兩次來港，筆者查找報紙資料，果然得見兩段記錄。其一是1931年6月30日《工商日報》：

謝遠涵來港

我國文學家謝遠涵，江西贛州人，曾為前清

| 謝遠涵致賴際熙函件

翰林，經學湛深，為我國不可多得之人物。日昨來
港，暫寓石塘咀某俱樂部，由賴際熙太史接待之，
查謝此次來港，係因其家鄉被匪滋擾，不能安居，
不得已挈其妻子來港定居云。

謝雖然是江西人，其家鄉贛州卻是客家聚居地，因此與
賴際熙同聲同氣，他還是翰林院的前輩，左霈在致賴際熙的信
中，有云「貴師謝敬虛前輩現襄贊內部」，說明賴際熙稱呼謝
為老師輩。所以每次到港，賴際熙均以師禮相接待。又因賴的
關係，謝與當時香港客籍富商李瑞琴等關係密切，1931 年這
次來港定居不久，他短暫回到江西，1933 年他又再次蒞臨香
港，《工商晚報》1 月 8 號記載：

謝遠涵過港赴省

前內政部司長謝遠涵，昨日由滬抵港，將於

日內赴廣州。謝氏為江西人，為前清翰林，於國文極有講究，雖嘗一度出仕，然謝氏之志在學，故卸官職後，即復閉門治學，於國學之整理，下最大決心。近者中山大學校長鄒魯，慕氏精通國學，故擬聘為該校文學講座，又查謝氏於臨池亦極見功夫，書法老勁，到港後，各界請其題字者，大有踵指相接之概云。

　　鄒魯與謝和賴太史一樣，也是客籍人士，所以他敦聘謝太史出任中山大學的教授，由此新聞可見當年謝太史決心不再出仕，而以學術自許，香港知識界對他也是敬重有加，這兩次過港，他還不忘考察教育，在致賴太史信中，着重提到了九龍可以辦學一事。

　　然而謝太史對於香港的情誼並不止於此。1938 年底，日本侵略鐵蹄橫掃大半中國，謝先是避居上海租界，隨即又帶家人躲回江西興國老家，這時候，香港的崇正總會會長出缺，一眾客家鄉親遂想起德高望重的謝太史，專程派代表，到江西興國，敦請謝重新出山，到港主持崇正會務。

　　僑港崇正工商總會在 1926 年為了適應廣大客家人的需要，已經去掉了「工商」二字，也發揮了更加多的社會作用。當時崇正的元老對於謝太史能否答應，並無把握，因為即使是孫中山請其出任江西省長，謝也沒有到任。但是謝想到國家正是需要用人之際，客家人士更加需要他的凝聚力，為鄉梓和抗戰出力，於是不辭六十高齡，隻身一人，不帶親眷，重新來到

熟悉的香港，接任崇正總會第五任會長。

謝太史接掌之後，即了解南洋各地客籍人士社團的狀況，他知道日寇侵略之後，各地客籍華僑紛紛表示要支援抗日的情形，遂主張將香港崇正總會辦成海外客籍人士的總團，將力量匯集在一起。這號召得到崇正全體理事通過，他自己更是不顧高齡，親自到各地演講，他聲淚俱下地訴說日寇對中國的侵略和殘暴，說自己雖然已經沒有收入，仍然靠賣字和積蓄，支援各地客家團體活動，甚至帶頭捐出崇正會長的全部酬金，他的現身說法、慷慨義舉，深深打動聽眾。

謝遠涵又親自撰寫多篇文章，刊登於崇正的會刊《崇正月刊》上，該刊現存 1938－39 兩年雜誌，其中就有太史所撰〈崇正總會救濟難民委員會特刊序〉等文章。這篇文章是1938 年底，由太史主持發起，向全球客籍人士募捐，以救濟抗戰難民。這本特刊，由謝太史寫序，許世英題簽，向全球商號印發。在香港籌款得到接近港幣 9000 圓，隨即收到全球客籍善長捐款達到 12000 港幣，白米 200 包。

謝遠涵主持崇正總會的第一年即召開了所屬海外各分會代表大會，使香港崇正總會成為名至實歸的團結海外客屬的總會。在他主政下，組織起香港崇正總會救濟會，發動海外募捐，一時海外客屬各界紛紛捐錢捐物支援祖國抗日戰爭。在他主政下，香港崇正總會還建立了濟民、救傷、醫療服務機構，同時派出救護隊赴國內抗日戰爭前線做服務工作。在崇正擔任會長一年左右，謝太史見出山的初衷已經完成，於是向理事提出辭呈。眾位理事和海外團體聞訊，紛紛提出挽留，太史

| 謝遠涵為香港客家富商李瑞琴書杜甫玉山草堂詩

向大家出示一幅寫好的條幅，上面寫着「明年我復在江湖，知君對花三歎息」這是引用蘇東坡的詩句，向眾人表示自己去意已定。他離開香港，回到故鄉江西興國，並且從此不再出山，繼續過着隱居著述生活，1950年辭世。

謝雖是翰林出身，卻善於接受新思想，早在辛亥革命時期，他回到故鄉興國，在當地的書院前，向一眾鄉親講解五族共和，民主自由的觀念，並且當眾剪掉頭上的辮子。眾鄉親看到翰林公帶頭剪辮，紛紛響應。在晚清翰林中，像他和蔡元培等都是極少數具有先進眼光者，兩位又都與香港有緣，實屬美談。

海濱財神梁士詒

香港屯門的名勝「青山禪院」山路上，聳立着一座高大的牌坊，牌坊正面鐫刻着一副楷書對聯，字體工整儒雅：

樓觀參差，清夜聞鐘通下界

湖山如此，何時返錫到中原

這幅聯的撰書者，正是清末民初赫赫有名的「梁財神」梁士詒，他與香港的關係可謂千絲萬縷。

梁士詒（1869－1933），字翼夫，號燕孫，廣東三水人，其父梁保三，是當地有名的鄉紳，樂善好施，為鄉人所敬重。梁士詒於光緒十五年（1889）中舉，光緒二十年（1894）甲午科進士，入翰林，次年四月散館，授編修。

他曾參加光緒壬寅科經濟特科考試，名列第一，可是慈禧一看他的籍貫為「廣東」，心生不樂，尚書瞿鴻機察言觀色，上奏說。「此人姓與梁啟超同，名字又與康有為的字（祖

詥）一樣」於是不予錄取。梁士詒從此得到一個「梁頭康尾」的綽號。

光緒二十九（1903）起梁士詒開始嶄露頭角，袁世凱看重他的才能，聘任北洋編書局總辦，外務部丞參上行走。隨後跟隨廣東同鄉唐紹儀參加了《中英藏印條約》的議定。歸國後，任新創辦的郵傳部鐵路總局局長，這是他參與交通建設之始，宣統三年，任郵傳部副大臣。

民國成立後，梁士詒順應潮流，入仕民國，民國元年就任北京政府總統府秘書長，兼任交通銀行總理。逐漸和朱啟鈐等形成了交通系政治集團。袁世凱當選總統後，梁士詒因為與袁關係密切，被政界稱為「二總統」，民國四年（1915），梁士詒為袁世凱恢復帝制組織請願活動，帝制失敗後，梁作為帝制活動組織者遭到通緝，逃亡香港。

1927 年梁士詒父親梁保三鄉舉重逢，在香港華人行頂樓南唐酒家設宴的請柬。

梁士詒雖為翰林出身，然而卻沒有其他清遺民對於清室的忠誠，1917年張勳復辟，當其他遺民歡呼雀躍時，身在香港的梁士詒通電唐紹儀，陸榮廷等明確表示支持討逆。又指令葉恭綽從天津銀行撥款兩百萬元作為支持段祺瑞討逆的經費。次年梁士詒獲得特赦，重出政壇，任交通銀行董事長和安福國會參議院議長，又聯合中國、交通、金城等多家銀行籌組中華銀公司，以對抗外國的四國銀行團，被稱為「梁財神」。

　　在民初的政壇上，梁士詒長袖善舞，八面玲瓏，民國十年，在奉系張作霖的支持下，他出任中華民國國務總理，達到他一生的政治巔峰，然而一年不到，直奉戰爭爆發，奉系倒台，梁再次遭到通緝，逃亡日本。隨後北京政權頻頻易手，民國十四年，梁的老夥伴段祺瑞任臨時執政，任命梁為財政善後委員會委員長兼交通銀行總理，北洋政府倒台後，又遭到國民政府通緝，再度逃亡香港，梁士詒從政壇上逐漸隱退。

　　從梁士詒的宦曆看出，他始終與香港保持密切關係，1913年3月他以總統府秘書長的身份抵港，香港華商會長尹文楷等設宴歡迎，並將梁與孫中山等並列為當時最重要的政界人物之一。梁又接受《南清早報》記者採訪，他大談廣東財政狀況，瞭如指掌，並且指出從君主到共和，建設新廣東，最大的社會問題則是各地的匪患，這說明他對於廣東情形的深度了解。

　　梁士詒對於香港有特別的情意結，每次政壇受挫，多選擇到香港暫居，1916年7月，他向段祺瑞提出辭呈，總統黎元洪提出挽留，梁堅決請辭，原本擬出國考察，最後改為居住

香港六個月，當年的《香港華字日報》曾經刊載記者在香港對他的專訪。隨後 1918 年 7 月，梁士詒帶同兩兒子，搭乘日本皇后號輪船抵達香港，這次是因為其女兒在香港出嫁。

次年（1919）夏 7 月，香港發生了嚴重的米荒，米價一日數漲，居民苦不堪言，香港的士紳想到求助於「梁財神」，何東爵士領銜向梁士詒求助，何東的電文說，本想由其本人出面，向越南西貢購買大米運港，然而因一戰過後，英法均禁止殖民地出口大米，無法抵達，請求梁士出面在上海和蕪湖一帶購買大米，運回香港，何東則與英國公使朱爾典等協商，請港府放行。

收到何東的求援電，梁士詒萬分焦急，即通過關係請安徽省安排大米五萬石，馳援香港，並且以國務院名義，電令安徽地方籌措。可是當時主政安徽的倪嗣沖表示因為剛剛遭遇水災，雖竭力籌措也無法籌到所需的五萬石大米。梁士詒又以財政部出公函電催安徽，也不得要領。此次搶米風潮最後以港府向中國發出求援電，由國內撥出部分糧米到港而結束，從處理這次事件也可見梁士詒對於港事的熱心。梁財神對香港的關心，其中一重要因素是辛亥之後，他的父親梁保三老太爺一直居住在香港，現存很多梁氏家族在香港的合照，老太爺銀髮長鬚，端坐正中，梁士詒則陪侍在側，1927 年，梁老太爺重遊泮水，梁士詒兄弟還特意為其在中環華人行頂樓的高級酒樓「南唐酒家」設宴慶祝。

對於香港的文化事業，梁士詒也非常熱心，賴際熙藏札中，有一通梁士詒寫給他的短信說：

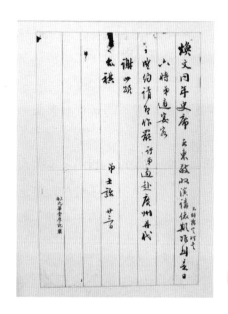

梁士詒致賴際熙函件，談及到書樓講學事。

　　煥文同年史席：函柬敬收，演講依期，不能指定何書，准到，是日六時，弟適宴客，盛約請即作罷。吁弟適赴廣州，並代謝，此頌台祺。弟士詒　廿三日

　　此信當寫於其居港期間，賴太史想請其到學海書樓演講，並留晚飯，梁士詒欣然答應在書樓的演講。吁弟即梁士詒的親弟梁士吁，為北洋陸軍中將。

　　與其他政要一樣，梁士詒不僅喜歡訪港，甚至在香港置業，1927 年 9 月，廣東花縣籍的外交家朱兆莘訪港時，《香港華字日報》曾經報道梁士詒在其私宅設宴接待，可知當時梁已經在港購有府邸。梁對於香港情有獨鍾，也許與其最鍾愛的八姨太梁譚玉英（1902－1983）長期居港有關，八太為梁士詒在香港所相識，梁在上海病故後，八姨太經辦其年譜的編訂

| 三水岡頭梁士詒家族墓地牌坊，葉恭綽題額，梁士詒撰聯。

和文獻的保存，並將梁的部分文獻帶回香港，長齋念佛，借助自己的社會地位，弘揚佛法，與葉恭綽，虛雲大師等保持密切關係。晚年將其所藏梁氏文獻捐贈給東蓮覺院保存，並出版有圖錄。

梁士詒過世後，歸葬三水岡頭村，土名九畝墩，這是一片平原中的小山岡，樹木鬱蔥，墓道前有牌坊一座，正面為葉恭綽所書「梁氏佳城」，背後為段祺瑞所題「將相聯輝」，墓地三座，正中為父親梁保三墓，左側為梁士詒墓，右側為梁士吁墓，故曰「將相聯輝」。墓前有碑亭兩座，中間矗立葉恭綽所寫的墓誌，因為梁氏家族在當地有較高威望，故歷劫不損，保存完好。該村還保留了梁氏生前營建的生祠和讀書之所「海天書屋」，近年已經修復一新。

「狀元落第」夏同龢

夏同龢（1874－1925）貴州麻哈州人，光緒戊戌（1898）科狀元，該科讀卷官為狀元孫家鼐。然而當時正是變法風雲突起之時，夏同龢名字與翁同龢相同，夏同二字又與光緒帝另一位老師夏同善重複，他雖與兩人並無師生關係，仍然被視為「帝黨」，被排擠出京。

庚子八國聯軍之役後，兩宮回鑾，均思改變成法以雪國恥，1901 年 4 月 16 日《香港華字日報》曾經說：

> 皇上頗欲重行新政，然以太后故，未敢昌言，然凡遇新政之奏摺，必時加披覽，且尤有意於改變科舉，廣設學堂，以為廣培人才之基。

由此可見，回鑾之後，新政即着手展開，選派翰林出國成為當時一種風尚，出國的首選則是東鄰日本。因為日本距離接近，文字較易理解，當時年輕翰林多不懂外語，日語尚可筆

談溝通。1903 年 8 月 14 日《香港華字日報》說：

> 翰苑中人（筆者按即指翰林院中年輕庶吉士）近
> 多購買化學格物諸書，又喜問人以製造諸法，大似
> 講求藝工，聞係某掌院之意。

掌院即翰林院掌院學士，從二品，是翰林院中最高負責人，多由大學士兼任。從這段報道可知，庚子之後，翰林院中從上到下，學習新知識，開拓眼界，是一種流行風尚。光緒三十年（1904）5 月，夏同龢上奏朝廷請求自費前往日本法政大學法政速成科留學。法政速成科由時任法政大學校長的著名法學家梅謙次郎博士與中國出使日本大臣楊樞商議後報清政府及日本文部省批准設立，其目的是專為準備進行立憲改革的清政府培養亟需的法政人才。速成科得到清朝政府的大力支持，夏同龢的申請迅速得到了批准，成為歷史上第一位出國留學的狀元。有趣的是，他的同學中，還有日後比他名聲更大的汪精衛。

| 夏同龢像

自 1904 年 5 月至 1908 年 4 月，法政速成科前後辦班共五期，先後共有約 2000 名清國留學生在此學習。繼夏同龢之後，更多的進士進入速成科學習，這其中包括兩名狀元駱成驤和劉春霖。由於法政速成科只有一年左右的留學時間，期間還有學習語言等問題，對於學生的自覺要求非常高。法政速成科教授課程為法學通論、國法學、行政法、民事刑事訴訟法、裁判所構成法、國際公法、國際私法、財政學等十餘種，聘請的教師均為日本一流法學家。民法由梅謙次郎講授，憲法由筧克彥和美濃部達吉講授，行政法由清水澄講授、刑法由岡田朝太郎講授。

有關夏狀元的速成班論文，也有兩種不同的版本，正史記載說，夏同龢學習非常勤奮，在試驗成績表中，夏同龢是兩名畢業特別檢驗合格者之一。同學程樹德、汪兆銘（精衛）等僅為通過。在財政科考試中，夏同龢撰寫的《清國財政論策》被評為 100 分滿分，被當時日本《法律新聞》全文刊載。在法政速成科所有學員中，夏同龢是唯一留下了考試文章的人。

然而 1906 年 1 月的香港《香港華字日報》有一段趣聞：

反對夏同龢為法政學堂監督

聞夏往來東洋習法政速成，科驗未合格，報界譏其「狀元落第」。

此兩種版本究竟何者近實，有待考索原始材料，不管怎樣，夏同龢成功地在法政大學畢業回國，歸國之時，他在香港

停留暢遊，並在友人的「養閒別墅」留下了墨寶（見上篇所引）。夏在題跋中說：

> 算琴二兄孝廉，胸次高潔，本於天性。雖日處
> 圜匱中，而超然有出塵之慨。與兩三友朋，構養閒
> 別墅於香江，茶餘酒後，共談瀛海，不啻身在蓬萊
> 三島中也。予新歸自扶桑，僕僕塵勞，慨焉有休息
> 之志，第杖策偕隱，未卜何時克賦遂初耳。乙巳冬
> 十一月夏同龢並識於香江。

這副對聯上款人「算琴」未能具考，從題跋上看，是一個悠遊於商場與隱居之間的人物，從此副對聯所藏的潮汕地區看，更可能是潮汕籍的商人。

| 廣東各地留有不少夏同龢字跡，這是江門古街道上他題寫的門額。

夏同龢從貴州山區的學子，到高中狀元，廣東商人一直給予幫助，前述番禺籍的港商王頤年是一例，還有潮汕籍的商人，對於狀元公也是非常崇拜，今日潮州西園，還有丘逢甲故居等地，仍然保存他的書法刻石。

夏從香港回到廣州，應粵督岑春煊之請執掌廣東法政學堂，其位置在今日市中心，該地段的法政路因此而得名。

　　1905 年開辦廣州法政學堂，第一年招生已經達到 300 多人，第二年，更增加 600 多人，足見當時對於法律人士的需求非常巨大。這所學堂，培養出來的人才很多都成為辛亥革命的元勛，如朱執信、陳融、古應芬等，這與夏的開放型教育理念不無關係。

　　夏同龢再次到港，是在宣統三年 8 月，《香港華字日報》登載他訪港的情況：

　　　廣東法政學堂監督夏同龢，前因放主考，被御史彈劾，交部察議（括號註：凡翰林被議，最難升遷，開坊放差，已成絕望，故一經議處，無不改放外官）現已捐道員，仍指粵省赴京引見，初三日乘西伯利亞輪船赴滬，轉輪北上，是日一般之趨蹌者，均赴輪送別。聞監督一席，由教務司曾某代理，然夏監督既捐道員，此後對於督院，變為屬員，不復如前以西席相待矣。

　　這裏所引的翰林被議一節，較少為史學家所道及。夏狀元雖然被彈劾黯然離開，卻仍然吸引了香港一眾「趨蹌」者的追捧，可見他在廣東士民心目中的分量。

　　目前所見史料，均云辛亥革命後，夏由於法政學堂改為廣東法政專科學校，因此北上。但根據新發現的資料，他的離

任應是因擔任臨時放差之主考，被御史彈劾，升遷無望，才援例捐道員，按照清代規矩，實放道台需上京引見，他在北上途中，最後一次停留香港。

宣統三年，科舉考試早已停止，然而翰林出身的官員仍需時常主持各種考試，據該月初的報紙資料顯示，夏同龢被彈劾是他在主持湖南考試時，被御史參奏有作弊情節。他力辯無此事，但經過參奏的翰林，往上升轉的路頗為渺茫。夏狀元北上之後，王朝傾覆，他也留在北京，再沒有回到熟悉的廣東。

「狀元落第」夏同龢

翰林外交家黃誥

　　1920 年代在香港拍攝，被稱為「香江九老圖」的歷史照片中，站立在後排的一位瘦削中年男子，相貌平凡，卻曾經是清國駐意大利公使，漢軍旗人黃誥。

　　黃誥的生平，在各種文獻上極為罕見，他是廣州駐防漢軍，這個群體從清初跟隨清兵入關，駐扎在廣州城內，經過兩百多年，已經完全廣東化，他們本來就是東北的漢人血統，來到廣州之後，講本地話，與廣州人毫無二致，這個群體誕生不少科名很高的人物，包括我們熟悉的商衍鎏等。

　　黃誥生於廣州城內，其生年一直缺少文獻記載，筆者考吳道鎔《淡庵詩存》有一首〈和黃邈僧誥六十自壽〉，時在癸亥（1923）年，可知黃約生於同治三年（1864），光緒二十四年（1898）戊戌科中進士，他的名次是二甲第五名，成績相當優越，緊隨其後的是藏書家傅增湘，該科正值戊戌變法前夜，廣東人入翰林的不少，例如後來曾訪港的梁用弧，鍾錫璜等人。

成翰林之後，黃誥因漢軍的特殊身份，又是廣東人，較為熟悉外國情況，被派駐外使節的重任，《清史稿》卷二十八：

> 甲辰，詔廢科舉。丙午，裁奉天府尹、府丞，改置東三省學政。命劉式訓充出使法日大臣，黃誥充出使義國大臣，周榮曜充出使比國大臣。

　　黃誥的外交生涯，正史上看最早開始於 1906 年，然而在此前一年，清廷已委任黃誥為駐法欽使，不知何故，遭到法國的拒絕，該年 12 月，曾有御史參奏黃誥，請收回其派駐意大利的成命，但奏摺留中不發。1906 年黃誥正式出使意大利。

　　1906 年意大利米蘭舉行了「萬國農學公會」，即米蘭漁業世博會，黃誥特別強調要動員華商參展，使之直接受益。他指出，中國對於此次世博會，「應勸諭華商能親往觀摩，若如從前多僅寄貨參展，甚難收實效」。以後「遇有各國賽會，……特選精於製造者，帶同前往，令與外國貨物互相比較，或須求精，或須改良，務期盡善盡美，如中國之貨為外國所無，考察其暢銷與否而權衡之，抑或外國之貨為中國所無，考其工作如何而模仿之，庶於會事實獲其益」。

　　除了鼓勵華商積極參加外國博覽會，黃誥也注重維護在意大利華工的合法權益。1906 年他在歐洲轉赴美國出使臨時差事，到達美國之後，他獲悉有華工因為在意大利輪船上與管工發生糾紛被捕，經法庭審判後宣告無罪，黃誥即電告清

廷，請其通過外交途徑請意大利政府釋放華工回到上海。

黃誥的外交生涯到光緒三十四年（1908）結束，該年 8 月 22 日，《香港華字日報》刊載消息，外務部調黃誥任丞參上行走，他調回北京任職。

辛亥之後，黃誥息影政壇，回到廣州，偶爾來往粵港之間，與好友吳道鎔等唱酬為樂，所以能留下當日在香港的九老合影。照片中的九位老人，在廣州時已經有「九老會」的名目。

| 黃誥楷書扇面

黃誥卒於 1935 年底，虛歲七十左右，據他的同鄉晚輩左霈日記在 1935 年農曆十月二十一日條：

　　寫屏條作輓聯，悼黃宣庭前輩：年齒冠同儕，詎期鶴馭歸真，嶺島迢遙成隔世。

　　詞垣居後進，回憶蛟騰馳譽，雲山黯淡倍傷懷。

左霈與黃早年相識，又同為廣州駐防漢軍，交情深厚，此聯可知當時黃病逝在廣州。黃誥擅寫小楷，但極少為人作書，書作簪花體，翩翩風緻，引人入勝。

西關少爺鍾錫璜

筆者在整理翰林居港歷史時，發現在香港淪陷的三年八個月（1941年12月至1945年8月）中，絕大部分太史已經仙逝或者回鄉，目前僅知道有一位老太史在此期間滯留香港，即南海富二代鍾錫璜（1869－1943）。

鍾錫璜字仲玨，南海大瀝人，在晚清翰林之中，他是非常低調且特立獨行的一位，這大概與他的富商家族背景有關。今日廣州白雲山五龍谷，仍然保留着一座大型的石砌古墓，此墓已列入廣州市級文物保護，全由麻石砌成，墓前除了有石雕翁仲，石羊石馬之外，最顯赫的則是有兩排八對「旗杆石」，又一座高聳的石圍台旗杆，標示着這墓主的子孫有八位舉人，高的一座，是進士特有的「圍台夾」，這座古墓的主人為南海富商鍾輔廷，圍台旗杆石則象徵着孫子鍾錫璜的翰林功名。

南海大瀝位處廣州佛山兩城之間，由於地理位置關係，出了不少商人。鍾家祖上並非富裕，到了鍾輔廷這一代，才開始做廣西桂皮和船運的生意，逐漸發家。鍾家在廣州西關

最繁華的寶華大街一帶，購置了大片土地，建起了豪華的西關大屋，即鍾家花園。據族人傳說，花園中有「二酉軒」，「四時春」等廳堂。鍾輔廷是孝子，在園中奉養雙親，又請名師回家培育下一代。祖上留下豐厚財產，兒孫輩都不操心賺錢，鍾家二三代居然培育出八個舉人，鍾錫璜則於光緒戊戌

| 白雲山上的鍾錫璜翰林旗杆石

（1898）科中進士，1903年散館，授翰林編修，鍾家又掛上了「太史第」招牌，在紙醉金迷的西關一帶顯得格外氣派。

　　鍾錫璜是鍾輔廷兒子鍾文藻的次子，長子鍾葆珩只有女兒，因此鍾家花園等物業都歸在鍾太史名下。這位富二代是典型的「西關少爺」風範，吃喝玩樂樣樣講究。筆者家因為與鍾太史家是姻親（其胞妹嫁在梁家），筆者叔高祖又是鍾的同榜進士，故略聞其故事。鍾太史自接管大宅之後，整天忙着花天酒地，不到幾年，將大宅分片斥賣，住宅部分早已不存，花園部分，後來改為著名的「謨觴酒家」，很多民初文化名人來廣州均曾在此飲宴。酒家中還一直保留了鍾家花園的一塊奇石，供於雲石盆中。

　　鍾太史雖是翰苑中人，卻頗有新思想，他不去官場鑽營，

授編修後就回到廣州過少爺舒適日子，目前能發現他極少數出現在傳媒上都與公益活動有關，如宣統二年（1910）11月他參與了鄧華熙和陳伯陶等聯名上書北京度支部，請求廣東嚴格執行賭禁。據其孫鍾祖釗回憶，宣統年間，同盟會員鍾榮光在1907年赴日本參加「世界基督徒學生大會」歸國時途徑天津，被直隸總督袁世凱扣押，求助於鍾太史，鍾榮光是小欖人，本非同族，鍾太史出於愛護人才，與廣州有影響力的翰林江孔殷一起，再聯同唐紹儀和新會陳昭常，將鍾榮光營救回粵。

抗戰爆發前，鍾太史已經娶了五房太太，也逐漸將大宅花園賣去，搬到寶源北街與筆者祖家為鄰。七七事變之後，由於擔心時局，他帶着四太太，離開廣州搬到香港，住在太子道通菜街附近。

初到香港，鍾太史仍然有兒女接濟，過着小康生活，孫兒回憶，他喜歡看兒孫玩鬧，讓小孫們互相打鬥，贏了獎勵一串江珧柱作零食，當時江珧柱是貴重食材。好景不長，1941年聖誕，香港淪陷，由於穗港兩地斷絕交通和匯款，廣州的兒女也無法接濟，鍾家的生活陷入困頓。鍾祖釗回憶，當時要排隊去領取日軍的「配給米」，四太太帶着年幼的孫兒，到油麻地盡頭的田地去檢拾農家剩下的菜頭，回家煮給老太史充飢，與初到香港時簡直天壤之別。

1943年初，因不堪忍受窮困，況且通菜街的房子還要租金，而當時日本人因糧食短缺，積極組織香港市民「還鄉」，鍾太史遂與四太太一起回到廣州，居於其女兒寶源正街家中，不久過世，時年七十六（虛歲）。

鍾錫璜是近代翰林之中較為低調的一位，據說他年輕時，經常和朋友提起，「世態炎涼，我不做官，做人要像我一樣，娶老婆享受生活。」論生活品味，鍾太史確實不俗。時至今日，他最為人所熟知的，除了功名和大宅，當數他請篆刻宗師黃士陵所刻的一批印章，如白文「鍾錫璜印」，「仲珏」等，當時正是鍾家輝煌年代，潤例豐厚，選料用上等白芙蓉石精琢，刀法乾淨利落，黃士陵的這批印章，還有部分為其兄鍾葆珩所刻者，都收錄在其印譜之中，廣為篆刻界所熟悉。昔日鍾家花園中有廳堂名叫「金符齋」，園中應藏有青銅器，因此黃士陵在印章邊款上，也曾提及鍾錫璜的銅器收藏。

筆者研究發現，晚清翰林凡是家底豐厚者，多不願意賣字，說明當時翰林之間，訂潤賣字為掉價之舉，例如區大原字很

| 鍾錫璜晚年照片

如月之恆如川之至

諸封宜人陳伯母李太宜人九秩開二大慶

俾壽而康俾熾而昌

世愚姪鍾錫璜頓首拜祝

| 鍾錫璜蠟箋本八言長聯

常見，區大典則極少，此兩家條件不同也。鍾錫璜書法極為罕見，典型的富二代，懶得寫字。筆者曾藏其一副大對聯，是目前僅見的真跡，字大如盤，楷書功力非凡。

作為典型的西關少爺公子哥，鍾太史文章至今只留下一篇，即其為筆者家族族譜所撰的序言，詢其家人，則只留下一幅太史的照片，和背後的幾行題字而已，一代名園主人，撒手歸去，富貴浮雲，誠哉斯言。

儒之大者賴際熙

　　香港文化界，今日提起賴太史之名，仍然口碑載道，在上篇綜述，對賴太史的主要貢獻：開創港大中文教育和學海書樓，已有不少介紹，此篇僅談一些賴太史的生平以補不足。

　　賴太史為增城荔城人，早年號荔同，增城歷史上出過不少歷史名人，如明代大儒湛若水等，但在清代，近三百年歷史上，卻只出過賴際熙一個翰林。說起賴家的發跡，有一個風水傳說，筆者曾在賴氏後人的指引下，來到位於廣州東郊龍洞，一處名為祥雲嶺的山腳下，這裏並列着兩座古墓，右側一座較新，是賴太史長眠之所，墓碑，后土等用花崗石雕琢，墓後有「奉天誥命」碑一座，前有石獅子一對，座上刻有「賴太史第」楷書大字。左側一座，較為樸素，灰砂砌成的壟環和山手，墓碑上寫着下葬的年代是「道光癸卯」，賴氏族人告訴我，這是賴太史祖父的墓。這片土地，並不屬於增城界而是屬於清代番禺縣所轄，據說風水頗靈，附近不遠處就是清初「嶺南三大家」之一陳恭尹的古墓。賴氏家族傳說，當年風水師定

針之後，曾預言說，葬此地，一花甲之後，定出貴人。

賴太史生於同治四年（1865），祖父過世時，他還沒出生，墓碑上的年款不可能造假，神奇的是，太史於光緒癸卯（1903）真的高中翰林，這是他一生傳奇的開篇。

賴際熙早年思想進步，曾經與在京的兩廣舉子一起，列名公車上書，支持康有為變法。不過辛亥之後，似乎他與康有為梁啟

| 賴際熙墓碑

超就不太來往。中翰林之後，他因為科名不算太高，沒有派選赴日本留學，而是在當時新設的進士館中學習法政，授翰林編修。年輕的翰林，在北京等候升遷是一個痛苦而漫長的過程，在賴太史藏札中，有一通戴鴻慈的來函頗有意思：

> 兄（戴自稱）自愧庸諼，極思延攬。維是隨帶只數人，除翻譯外，只三四席，業已聘定。未能奉屈之處，復乞見諒。外電既多，一時未及遍覆。

此信當寫於戴鴻慈被派往「五大臣出洋考察」的 1905 年，也即賴際熙初入進士館兩年，他曾經請託戴鴻慈能否帶其作為隨員出洋，卻被戴婉辭之。隨後賴被派任國史館纂修等閒

職，他獲得的最高職位是國史館總纂。1910 年他和其他十三位年輕翰林一起，在廣東會館歡送戴鴻慈入閣，第二年武昌起義爆發，他在十月還與周廷幹溫肅等在京翰林一起通電，支持清廷。

1911 年底，賴太史離開京城，因香港大學新開招生，需要聘請漢文教授，賴際熙選擇移居香港，從此與這片土地結下半生之緣。

香港大學的最早一批畢業生中，就有賴際熙的得意弟子李景康（1890－1960），他保存下來的賴際熙批改作文，可見當年仍然保留了清末老師改課卷的形式。賴際熙在香港高等中文教育已有很多論述，值得指出的一點是賴充分依靠自己「客家人」的優勢為文化服務。

雖然香港今日通行粵語，屬於廣府文化區域，然而在歷史上，直到開埠之前，這裏的原居民大多數是客家人，他們祖先從東莞惠州一帶移居新界和港島，是清中期之前主要的居民組成。早在道光初期，深圳墟一帶廣府商人勢力已經開始擴大，新界的客家村民也不甘示弱，在元朗沙頭角一帶互相爭奪地盤。開埠之後，廣府商人紛紛湧入，利用人口和佔絕對優勢的經濟實力，將客家人的勢力逐漸抹去。然而在早期營建香港的商人之中，有一個群體始終以客家人為主，即負責建築營建（當時稱為石廠）的商人。香港開埠早期建築，仿效英國式大樓需要用大量的石材和工匠，石材香港多山，並不虞缺乏，然而石匠在清代廣東一向是五華人的天下，五華古稱「樂邑」，故今日在熱鬧的皇后大道東「洪聖古廟」還可以看到門頭雕

儒之大者賴際熙

琢着「樂邑弟子某某敬送」的石柱。當年客家營造商的著名人物，如李瑞琴，沙田曾大屋等家族，與賴際熙的關係都很深厚，尤其是李瑞琴，他父親早過世，帶着母親來港經營石廠致富，又尊重文化，一直是清遺民的熱心支持者。在這些客籍的富商支持下，賴際熙籌組了「崇正總會」，並借助他們的經濟實力，支撐其學海書樓和其他國學機構。

若以其一生的成就排名，賴太史的功業應該是教育、學術、客家史研究。在教育事業上，學海書樓是灌注了他最多心血的機構，在 1920 年代，整個書樓只有他和俞叔文兩個老師負責（1928 年起區大典才加入，其他太史更晚），除了每週兩天的講座，要準備講義，負責批改公開徵文的課卷，還要管理書樓的藏書和借閱，這樣的工作量對於年過花甲的老人殊不容易。賴太史唯一的一次出洋，是為港大中文系籌款，當年在檳榔嶼獲得華僑的極大支持，除了為港大籌得四萬元的捐款啟動資金，他還為學海書樓籌得部分藏書購置款項。

在文學上賴太史創辦了香港早年最有影響的詩社「正聲吟社」，香港文學團體的興起在 1910 年代，但是依靠賴際

| 賴際熙親筆函件，提及陳伯陶與張學華等。

熙等人的社會地位，正聲吟社的參加者和質量都是當年最頂級的，包括甲辰科狀元劉春霖等人都有作品參與入集。早在國史館時期，他所撰寫的人物傳記已經有聲於時，他為廣州和香港很多名人所寫墓志銘和行狀，不僅具有文獻價值，詞彙之優美，也成為香港早期文學史的名作，如〈陳子丹墓表〉，〈利君希慎墓誌〉等。此外他還工詩，收入《荔垞文存》之中有不少題詠香港古跡之作。

對於客家史的研究，今日學界多以羅香林（1906－1978）為最早，其實賴際熙對於客家源流和早期客家群體的遷移狀況，提出比羅早二十多年。他所撰的《赤溪縣志》和《增城縣志》中已有大量篇幅將客家人士作為獨立群體研究。《赤溪縣志》中的赤溪一地，本來就是同治年間客家與本地原居民械鬥之後，清政府將客家聚居地專門劃出來的一個新行政區，這部志內容大部與客家史有關。他對於客家史的研究集大成者則是《崇正統人系譜》，此書在1921年開始編撰，歷時五年，文辭優美，史料豐富，是客家史研究的開山之作。

賴際熙擅長書法，早年也曾受李文田的影響，寫魏碑體，但這時期的字體極為罕見，僅見於他為李瑞琴母親所題寫的墓碑中。他較為人所熟悉的則是中年的大字，以褚遂良為根基，再加上魏碑的寬博，氣象宏大。早在1920年代，能邀請到賴太史寫匾額和對聯已經是香港商家引為驕傲的標誌之一。當年香港許多大酒家，都是廣州同名酒樓的分支機構，其中以「南園」，「大三元」最為有名。1927年7月，《香港華字日報》曾經專訪這兩家酒樓，就看到賴際熙為南園題匾額

「抗風希籞」和大三元的「鼎列灞陵」，「抗風」所用的是明代廣州城內南園五子雅集的「抗風軒」典故，貼切工穩，又暗含嶺南情結，這種風雅的酒樓文化，今日已經成為絕響。今日香港各地尚存不少賴太史題字，如黃大仙祠孟香亭，荃灣「東普陀」等。

賴際熙晚年皈依道教，成為傳真龍門派十九代弟子，道號為圓智，他又好飲酒，尤其愛飲洋酒白蘭地。其幼子賴恬昌教授回憶，父親每晚與富商等應酬，多在石塘咀一帶酒樓喝洋酒，每飲必醉，少吃菜而多飲酒，當時沒有汽車，以轎子代步。賴太史經常醉倒在轎子的踏腳位子上睡着抬回家中，成為當年石塘咀一景。回到譚公道家中，家人扶醉入內，再以

| 賴際熙與學生及家人合影，前排左三幼子賴恬昌。

準備好的熱雞湯一碗，倒入小半碗米飯服之，以醒酒安腸。這情景幾乎每晚如是，給年幼的賴恬昌留下深刻印象。賴際熙的好酒，與其說是喜歡喝白蘭地，也可以理解為是一種放任自為，他深感時勢不可挽回，在寫給友人書信中說「劉伶醉死便埋卻」，他的入道，酗酒，都是逃避現實的無奈之舉。

賴太史在 1937 年初因風寒病倒，預感不起，三月初病危時，請港大醫學院的遮律教授醫治，並拉着來訪的朱汝珍的手，交託其一定要保管好學海書樓的藏書，對於舊學的繾綣至此，不能不讓人感動。3 月 26 日，再請名醫陳伯壇（陳大劑）來問診，陳說「六脈已斷」，無法用藥。1937 年 3 月 27 日，賴太史於譚公道一百五十五號寓所病逝。他的遺願是歸葬祥雲嶺，永隨未見面的祖父墓旁。當年廣九列車專門安排兩個車卡，運送賴太史靈柩和親友儀仗，出殯當天，附近村民上山觀禮者，每人都可獲得一圓紅包。

2004 年，筆者曾跟隨賴氏族人往訪賴際熙祖孫墓，當時尚保存完好。2006 年，廣州市組織「清理山墳」行動，當時文物保護意識薄弱，連附近已列為文保單位之陳恭尹墓都在運動中被誤平。賴際熙祖孫墓被通知遷移，當時僅將賴太史遺骨及墓上石獅墓碑遷走，其祖父墓碑被打碎，散落山頭，狀甚狼狽。據聞現將祖孫遺骨遷葬增城故居太史第後山。

賴際熙有子五名，並且與陳伯陶、溫肅結為親家，他的長孫賴高年比幼子賴恬昌年紀更長，早在 1931 年已經加入港大工作，後來亦長期服務學海書樓。幼子賴恬昌（生於 1926），早年畢業於英國利物浦大學，曾參加 1948 年倫敦

奧運會中國代表團。後來擔任香港中文大學校外課程講師，曾用英語翻譯多種介紹中國藝術的書籍，亦擅長書法。2000 年起接任學海書樓主席，繼承父親的國學弘揚事業。

賴際熙的一生，翰林功名只是一個開始，他為香港文化事業的開創性工作，功不可磨，著名學者李棪教授在題賴太史像讚時，將其與清初大儒朱彝尊（竹垞）相提並論，留下八個字曰「竹垞荔垞（賴號荔垞），經師人師」，是對他一生成就的恰當評價。

賴太史公道像

荔垞華傻贊
學富識充意真情摯
我久肩隨溪欽高誼
公居芸館靡於材智
身際桑滄送見節義
講學香江保存國粹
一息尚存弗渝厥志
道乾優然典型未遠
木壞山頹指人長逝
侍生朱汝珍拜題

| 賴際熙訃告上遺照及朱汝珍書像讚

海濱遺史區大典

　　在辛亥革命後移居香港的太史之中，區大典是較為低調卻重要的一位，有關他的生平，至今記載極為稀少。

　　區大典（1877－1936）字徽五，南海丹灶松塘村人，松塘村位於西樵山下，可仰望西樵，風景秀麗，筆者多次前往考察，這條古村以培養了四位清代翰林而被譽為「翰林村」，四太史即本章前面收錄的區玉章，同治朝的區諤良，光緒癸卯科的區大典與區大原兄弟。區大典故居今日尚保存完好，是一座典型的晚清廣式民居，門前為大魚塘，青磚門，兩開間三進，門口高懸「太史第」紅地金漆匾額，雖然簡樸但很有氣勢。

　　區大典中光緒丁酉（1897）科廣東鄉試第六十七名舉人，隨後上京參加光緒二十九年癸卯科的恩科正科並試，與其族弟區大原同中進士，並且一同選入翰林，兄弟翰林在廣東清代極為罕見。散館後，區大典成績優異，授翰林編修，中憲大夫銜。

　　在辛亥之前，區大典的宦跡也不多見，1910年，在歡送戴鴻慈入閣的廣東新館合影上，他站在最後一排，考諸現存史

| 南海松塘村區大典故居太史第

料，我們能找到他在京城做事的記載幾乎闕如，清代閒居京城的翰林官，生活頗清苦而無聊，往上升的空間狹小，閒居又不能隨便出京，還需要花費大量的金錢，京城生活費昂貴，打點上司應酬都需要大量資金，廣東老家這邊若沒有豐厚的資財，根本不能維持。

辛亥革命之後，區大典與賴際熙首先來到香港，很多資料說他 1927 年進入港大，其實早在 1912 年，他就和賴際熙一起，成為當時港大兩位中文教授之一，他主講的主要是經學，並且編有《香港大學經學講義》，扉頁他親自題寫，署款「遺史」，他從移居香港起就改號「海濱遺史」，史即太史之意。

《講義》包括篇目有《書經講義》、《詩經講義》、《儀禮禮記合編講義》、《周官經講義》、《春秋三傳講義》、《孝經通義》、《大學講義》、《中庸講義》、《論語講義》、《孟子通義》、《論語通義》等，主要是給剛入學的大學生講解中國經學，區又通易學，撰有《周易揲蓍求卦法及經傳所載筮易占驗解說》等。

1927 年，港大中文系成立，區與賴一起加入，並擔任中文學會首任會長。1927 年，他在上環薄扶林創辦尊經學校，以經學為主，每年孔子誕辰，尊經學校必定舉辦各種慶典活動。同年，他也經常參加學海書樓的講課活動，初期為客串講課，如 1927 年 7 月，他就在書樓開講《五經大義》。1928 年 8 月起，他和岑光樾正式成為書樓聘請的講師。

除了大學和學校，區大典也常為孔教組織講授經學和宣揚孔子學說，例如《香港華字日報》1922 年 8 月 22 日：

區大典太史演講孔道

昨本港中華聖教總會敦請區太史在該會孔道宣講學堂演講孔道，題為《孔教天道人道與五倫五常五事七情之旨》，引經據典，融通古今，反覆證論，歷三小時之久，於孔道之發揮，無微不至，是日聽道者，座為之滿，眾皆肅然，並聞該會將欲遍請名儒演講，以資弘揚孔教云。

由於區太史平素深居簡出，甚少與朋友來往，因此他的史料非常缺乏，關於他的卒年，目前所有記載包括學海書樓的網頁上，均記為 1937，實誤，筆者考查 1937 年 9 月 20 日的《工商日報》記載：

港大中文學會昨公祭區大典

香港大學中文學會，昨晨假座馮平山圖書館，公

祭區大典太史，到會者多人，港大學務部主任芬拿瑾，教授禪臣，均有致祭，查區太史於 1912 年起至 1936 年期間，在港大肩任教職，至去年七月，因病逝世，享年七十歲，為遜清翰林。昨日公祭時，許地山碩士，對於區太史之文章道德，致辭表揚云。

| 區大典撰《香港大學經學講義》

從新聞可知，當日港大致祭是當時流行的「周年祭」，文中提到兩個重要史實，即區太史入港大在 1912 年，並且一直任教到 1936 年，即賴際熙辭去系主任之後，他仍然留校。文中提到的「去年七月」，應為農曆，折算公元為 1936 年 9 月初，所以港大中文學會選擇在次年的 9 月為其舉行公祭。岑光樾於區氏逝世後親撰挽聯：

下筆輒千言，遺史每多憂世論；
知交齊一慟，尊經誰續等身書。

聯中嵌入他的號遺史與他創辦的尊經學校，並且着重提出他「下筆千言」，即著述豐富。

雖然區太史深通經學，來港時間也早，然而他的個性沉默寡言，甚少與人來往，包括同時的居港太史間，也極少見其

| 區大典楷書八言長聯

往來。左霈在日記中，記錄了辛亥之前為數不多的幾次在廣州與其會面，1929年之後也只有一次提及在港見到他（1930年初一左拜會區）。賴際熙家藏香港翰林書信最為豐富，其中竟然沒有一通信札是區大典所寫，作為知交又是同時進入港大的同事，尚且如此，他人可知。筆者藏有區寫給「捷如」上款的兩通短信札，文字非常簡短，只有兩三行字，捷如是一位港大的校醫，兼通中英文，與賴際熙等都熟悉，區在信中詢問了有關自己痔瘡藥的情形，若非病情要緊，恐怕太史也不輕易寫信吧。目前發現的區大典書札，都是將傳統的八行信箋，裁成三行就寫完，一張普通信箋可以寫兩三封信，這似乎可以折射出他為人的內向與節儉。

目前發現區大典所寫的一封長信，是寫給他的學生李景康（鳳坡），這是因為信中詳細談到自己在學海書樓講學的初心：

> （前略）假學海書樓講學會，學科務求其備，功課益求其密，只酌收講義費，亦從至廉，以期普及，且藉費把註。而所編輯講義，亦可用活版排

印，庶耐久存。此會若成教學相長，兼可督促自修。計今年兄（區自稱）窮日力為，已編成講義《大學》《中庸》全部，《論》《孟》半部，《老子》半部，循此以往，鍥而不捨，當有可觀。雖晚年劬學，已苦其遲怪，幸精力尚健，仍可勉強從事。

　　信中區太史將自己對學海書樓傾注的努力，和盤托出，書樓創辦的 1926 年，區已經過六旬，所以說「晚年劬學」，老人對於在香港保存一點國學的薪火，雖時代已經離經學漸行漸遠，他卻在倔強地堅持，此種精神尤令人動容。

　　也許是因為他傾注了所有的心血在學術和教學上，我們今日在香港所見的廟堂寺觀，包括東華三院，保良局等，都沒發現區太史的書法，這些場合當年都奉太史們為座上賓，掛滿了翰苑文字，唯獨區大典從不留墨寶，箇中原因，頗難猜測。若說太史不工書，則大不然，筆者藏區太史一長聯，書於描金銀蠟箋之上，為祝賀朋友新翁之喜，書法俊秀爽朗，典型的館閣清貴之氣。但與弟弟區大原不同，區大典並不掛潤格賣字，所以我們幾乎見不到他平常應酬的墨跡，在居港遺民中，也是獨一無二的。不僅書法少寫，我們考查《宋臺秋唱》，還有正聲吟社的詩社活動，都沒有他的參與，這些活動與政治毫無關係，唯一的解釋是，區大典確是特立獨行的一個人。

　　區大典卒年，根據報紙記載，在 1936 年農曆七月，據筆者在松塘村採訪區姓後人所知，其墓葬位於丹灶某山上，海濱遺史應該是落葉歸根了。

忠厚榜眼左雨荃

| 左霈像

廣東在清代的科舉考試上，乾隆之前一直是較為落後地區，體現在進士群體數量上，比江南等省份相差較遠。然而在道光之後，由於經濟發達，進士數量大大提高，翰林人數也較前飛躍，咸豐朝之後，甚至鼎甲（即一甲進士）也經常是粵籍。光緒癸卯甲辰是歷史上最後兩次殿試，甲辰科的榜眼探花朱汝珍商衍鎏都是廣東人，眾所皆知。然而癸卯（1903）年的榜眼和傳臚（第四名黎湛枝）也是廣東人，則知之甚少。

癸卯科榜眼左霈（1875－1937）字雨荃，廣州駐防正黃旗滿洲人，廣州駐防八旗是一個特殊的群體，他們的祖先從順治年間跟隨清兵南下，奉命駐守在城內，經歷兩百多年，已經完全本地化，說粵語，但是身份認同上仍然寫瀋陽或者長白

人，商衍鎏探花也是同樣的情況。

居港的很多翰林，由於生平史料有限，我們所知的不多，然而左霈卻是一個我們能夠基本知道他生活軌跡的太史，這得益於他像很多翰林一樣，有寫日記的習慣，現存《左霈日記》保存在天主教香港教區檔案處，從 1902 年至 1903 年底，還有 1909 年至 1936 年的日記完整保留。

早年的生活軌跡顯示，他住在廣州城內，與同科的幾位廣東舉子，如區大典，商衍瀛商衍鎏兄弟等都是好朋友，偶爾一起會文喝酒。1903 年北上參加考試，他成績優異，高中榜眼，在日記裏他寫道，小傳臚當天，他知道自己中了榜眼，非常高興，隨即拜訪了在京的陳伯陶，請教各種禮儀。大傳臚日，他跟隨狀元騎馬出午門，遊街風光一番，隨後他與探花送狀元回府（會館），探花送他回廣東會館，當晚會館演戲大鬧通宵。隨之是各種應酬，他有半個月的日記都是空白，然後寫上：以上或請同鄉或同鄉請吃飯，可知當時應酬之累，又寫了幾百件對聯扇面，方才南返廣東。

日記至當年底而止，遺憾的是從 1904 年到 1909 年是空白，期間有缺失。該科的狀元是王壽彭，當年圍觀鼎甲遊街的人有評價說「狀元美，榜眼偉，探花秀」，所指就是王壽彭是山東人，與左霈一樣身材高大壯實。該科的翰林，都進入進士館學習，隨後，1909 年，左霈接受了雲南楚雄知府的任命，並受到皇上（其實是攝政王）的召見，這是他傳臚之後第二次見到帝王。召見時，攝政王載灃囑咐說雲南民族繁多，情況複雜，卿宜小心處理。他到達雲南不久，因母親病逝，實際上沒

有做過幾天的知府就要守制。兩年之後，回北京候差事，運氣不好的是辛亥革命爆發。民國元年，他因為有「滿族」的身份，由新成立的蒙藏事務局派往籌辦白話報紙《蒙藏報》，該報有小說，雜俎（即專欄）論說（即社評）等，左霈撰寫了很多版面文章，兩年後報紙停辦，隨即過了半年再次復辦，左霈被任命為總纂和經理，期間左霈還兼任蒙藏學校教官和清史館協修等職務。

蒙藏報停辦之後，為了維持生計，他還兼任北京的兩家學校，崇德和篤志女校教員，想像他每天奔波三家學校也是疲累不堪，北京的生活費用，極為高昂，他偶爾去一趟琉璃廠，只敢買些便宜的字帖文具之類，古玩書畫是不敢碰的。1918 年起他的生活有了一些好轉，清華學校聘請他擔任中史教員，他辭了崇德和篤志的職務，隨後 1928 年國民政府定都南京，清華改組，留學歐美的主事者將左霈聘書作廢，他只好舉家南下，應香港的老朋友們盛情邀約，定居香港。

1928 年底他初到香港，他居住在港島，到處拜會老朋友，安頓筆研，也開始忙碌的謀生。幸運的是，他早年已經開始努力學習英語，到達香港之後，因為能掌握英語，所以很快找到了聖士提反學校的中文總教習職務，又因為能與英國人溝通，他應聘為漢文夜師範的老師。漢文夜師範在晚間上課，每逢週三晚。夜師範為官立學校，他因此能享受公務員的待遇，他到港時已年近花甲，經常要到西環的公立國家醫院看病。在那張著名的「光緒癸卯甲辰科進士學海書樓」合影中，左霈站在中間，身材最為高大，那天晚上歡聚之後，左霈還要

忠厚榜眼左雨荃

回到夜師範上課。

　　在香港的九年生活，左霈其實相當低調而平淡。從日記中可以看出，他生活軌跡比較單一，除了每天上課，就是給各地的求字者寫屏聯條幅，然後寄出，再到中國銀行收取潤筆匯

| 左霈早年楷書對聯，可見他處理大字未臻老練。

款。偶爾陪家人去看電影，拜訪一下香港的老朋友。額外的收入，例如大戶人家的點主，寫像讚等也不是很多。

左霈不是一個情感豐富的人，在日記中，他很少寫下自己的感想和感情，即使知道高中榜眼，他也只是平淡地寫了一句「歡喜異常」，隨後的辛亥革命，張勳復辟等事件，他也沒有太多的個人情感記錄。相比起溫肅等忠於清室的遺民，他不像一個榜眼，像是一個時代的旁觀者。在香港見到多年不見的老朋友，又或是故人過世，他也只是簡單地記錄一句而已。

雖然高中榜眼，左霈的書法並非特別出色，尤其與他的同時代人相比。較少人知道的是，清代科舉考試要求寫的是小楷字，超過拳頭大小的字都是應酬用的，對聯屏條更加不需要考試之前學習，所以新科庶吉士在翰林院中其中一項學習內容就是學寫大字。筆者曾見過左霈和其他同科翰林在 1903 年中進士之後不久寫的屏幅，其大字行書結體不穩，留駐不足，即較少寫大字的緣故。他的小字倒是根柢十足，日記和扇面都寫得工穩。筆者藏其書聯兩件，早年一聯大字也欠沉穩，晚年加上一點頓挫，效果較佳。香港今日廟堂館所，均未見其書跡留存，除了書法功夫之外，他的為人低調也是原因之一。

左霈的一生，除了高中榜眼，其餘都是平淡低調，詩文書法也是平平，如果不是留下了幾十冊日記，我們幾乎會遺忘這位翰林。他的卒年，目前所有的公開記錄均為 1936，實誤。因為現存左霈日記已經記錄到 1936 年的農曆十二月，即已進入 1937 年，事實上，他活到了 1937 年底，筆者所查到準確的卒年記錄，是 1937 年 12 月 28 日《香港華字日報》：

左雨荃在港逝世

左雨荃太史近患心弱症，經於本月九日，病逝港寓，暫厝跑馬地墳場。查左氏現年六十五歲，前清癸卯科榜眼，充翰林院撰文，國史館及武英殿協修。民國以來，歷任北平清華大學教授，本港聖士提反學校漢文總教員，為人和藹可親，博學善誘，今一旦去世，聞者惜之云。

左太史的生平，值得一記的還有他晚年信奉天主教，雖然日記中，並沒有一則關於他參加宗教活動的記錄，然而在每一年的年初一，他按例一定有「祭祖先」活動，但在 1936 年初一，日記中不再出現祭祖，很可能當時他已信教。由於他的女兒信奉天主教並成為修女，所以日記歸教會保管，根據教會記錄，左霈晚年確實奉教，所以過世後下葬跑馬地天主教墳場，墓碑於 1954 年重修，碑文為：清顯考賜進士及第通議大夫翰林院撰文諱霈字雨荃左公墓，墓與潘氏夫人合葬。

懸壺濟世區大原

　　清代科舉世家之中，有所謂父子翰林，兄弟翰林，當年譽為美談。廣東兄弟翰林最有名的，則有嘉慶年間南海李氏三兄弟「同胞翰林」，世間少有。光緒癸卯科，南海又出了兄弟翰林，即區大典和區大原昆仲。

　　區大原（1869－1945）字季愷，一作季海，同治末年生於南海西樵山下松塘村，與其族兄區大典舊居隔着一方池塘。筆者曾採訪他們所居住的鄉里，據族人表示，區大典和區大原輩分相同，為二十一世，其祖先在十五世時同屬一房，十六世時始分房，故二人為堂兄弟。西樵當地學風普遍受到朱九江的影響，他們兄弟也不例外。光緒二十七年（1901）辛丑科鄉試區大原中了第九名舉人，光緒癸卯科（1903）會試中十八名貢士，殿試三甲，清代慣例，三甲進士較少能入翰林，區大原卻幸運地與兄長一起選了庶吉士，散館授翰林檢討，外放福建候補道。宣統年間，派往日本早稻田大學學習政法。

　　辛亥之後，區因為有翰林的地位，又曾派日本留學法

| 南海松塘村區氏宗祠前區大原旗杆石

政，受聘為廣東省省長公署高級顧問。民國三年（1914），
任廣東省公立法政專門學校校長，這所學校，前身就是之前狀
元夏同龢在清末所創辦的法政學堂，區大原是第二位做校長的
太史公。

　　校長任期屆滿後，區大原本來大可以做其寓公過着舒適生
活，可是不料又捲入了一場學潮之中。當時廣東省長楊永泰屬
意讓省議員何禮文接任，已經寫好條子安排好任命，可是由省
長任命議員去做省立學校校長，並不符合當時法律要求，引起
了媒體的反對，楊於是想重新啟用舊校長區大原出任。

　　當年法政學校的學生，對區大原的保守治校觀念不滿，
而推舉當時思想開明的同盟會員，法政專家葉夏聲（1882-
1956）為校長。當時法政學校校長一年有酬金六千多圓，區
大原欲繼續接任，卻被法政學生一致抵制。

　　從 1919 年 7 月底起，區大原先是派員和學生會談判，一
方面向省里尋求支持，在學生堅決抵制並揚言封鎖學校的威脅

下，8月19日，他帶着軍警直接開到法政學校，欲解散學生會。當時軍警三十多人，從學校側門撞破而入，並指揮兒子與教員崔邵南等人，將學生張貼的海報等撕下。不料這種行動更加引起學生反感，全體學生從宿舍和課室衝出來，警察四散逃走，區大原與兒子狼狽躲入廁所，由牆洞逃出校外，當時《香港華字日報》對此事有詳細報道，並加評論曰：何必做此校長，殊非師儒自重之道。

從這次學潮可以窺見，區太史雖然曾經留學，其思想仍嫌保守，跟不上新社會的潮流。經歷了這次挫折，加上省港罷工後，廣州市面動蕩，區大原在 1927 年移居香港。先後擔任

| 區人原在西環英華臺書房留影

| 保良局大廳內區大原楷書長聯書於 1939 年

官立漢文中學，香島中學中文教習，又參與學海書樓講學，在1932 年 5 月，曾經在學海書樓開講《儀禮》。1933 年應朱汝珍的邀請，任孔教學院副院長。

賴際熙創辦的正聲吟社，區大原也是積極參與者之一，他擅長寫詩鐘對聯，與同鄉江孔殷一樣，在《正聲吟社詩鐘集》中收錄有不少他們唱和的作品。1936 年，他與許地山一起，籌備香港九龍中華教育會，發揚中華文化教育工作，一時間加入的學校達到兩百多所，成為九龍區最大的教育聯會。6 月 1 日晚上，在開幕大會上，他以高票數，與盧湘父等二十五人被推舉為常委。1940 年 12 月 8 日，他又邀約桂南屏太史等一起籌辦了香港「孔道大同學社」，在先施公司文園酒家召開成立儀式，弘揚孔教。

區大原又擅中醫，曾經在香港懸壺濟世，賴際熙等人信函中，也經常提到請其開方的細節。至今其家屬尚保存有他手抄的醫方多種。1940 年 4 月，區太史尚有趣事一樁，當年香港有一起離奇的爭家產案件，兩兄妹均聲稱自己是原始屋契上的業主梁美霞，其中一件關鍵的證物，是一件信封和內部信函是否為同一人筆跡。此封信函用毛筆字書寫，由於當年香港法庭尚沒有專業的筆跡鑑定專家這一法律認可的身份，於是控辯雙方各聘請有身份的人士參與鑑定，原告聘請港大名教授，中文系主任馬鑑，稱信封上筆跡有猶豫和改動之處，被告則聘請區大原擔任專家，《工商日報》在案件報道中引用太史在法庭上辯詞說「余為前清翰林，呈堂之函，其內文與信封之字跡相同」，太史在法庭上先報出自己身份，可見當時「前清翰林」

道從此入：清代翰林與香港

224

在社會地位上的超然。

1941 年底，日軍鐵蹄攻陷香港，淪陷之後，日軍曾經網羅香港名流，邀請他出任維持機構官職，區大原以年高為由婉拒，幾經艱難回到故鄉西樵山下。以教授私塾和繼續行醫維生。1944 年夏天，西樵附近西江水漲，沖破堤圍，鄉民成立堤圍修築委員會，公推區太史為主任。他不顧七十高齡，親自組織鄉民建築堤圍，搶插晚稻，因積勞成疾，於 1945 年 2 月去世，鄉民全體出動，在村中搭棚為其送葬，大書一長聯曰：

歷八月之精神，策劃經營，築秋欄，修大基，
無時或息
欠一簣之工作，中道辭世，繼其志，善此事，
尚有何人

對聯雖非工穩，卻能表達鄉親對他的景仰。筆者曾往松塘村採訪其後人，回憶起他贈醫施藥的事情，依然口碑載道，並且指點其墓葬原址在村後的山坡之上，今已遷葬西樵山下福蔭園公墓中。

區大原與區大典不同的是，大典性格孤僻，畢生以經學為任，只會讀書著述。區大原性格較為擅長交際，和藹可親，他的書法與兄長也有不同，區大原書法成熟較早，光緒末年的大字已經頗有根柢。松塘村現存「區氏宗祠」牌匾和西樵山上龍崧閣「通德」牌坊，都是他早期的書跡，已經寫得很穩重。到港之後，求書的人踵接，他也有求必應，今日留存數量

區大原行書《題朱九江
先生墨寶冊》

不少，如黃大仙祠的盂香亭對聯，保良局大堂書於 1939 年的
楷書長聯等，字字厚重，頗能見其館閣體的功力。

　　從家族保存的《樵麓怡盦潤例》看，他的價格與當時上海
和廣州的太史大約相等：

　　對聯 四尺以內四元 五尺五元 長聯另議
　　堂幅 四呎以內八元 五尺十元 六尺十四元
　　　　條幅每條照一聯算 冊頁方尺以內三元 手卷同 書
　　畫跋及題讚 每件二十元 以上俱行書 楷書加半 墓志
　　銘撰寫俱另議 單行墓碑每方十元 墓聯二尺至四尺俱
　　十元 連撰文加倍 名印一元

　　這份潤例比較有意思，最貴的不是壽屏而是簡單的「書

畫題跋」，所指當是古代名跡，也許是當時太史公點評過的書畫作品市場較為認可。楷書比行書貴一半，最便宜的是「名印」，即寫對方的名字，用於印刷名片。墓聯也是舊日香港大戶比較流行的，鐫刻在墓碑兩旁的對聯，因為墓碑很少有高於兩尺的，所以索性標註「二尺至四尺俱十元」，蓋四尺紙最宜書寫之故。

區大原去世後，保存有遺書數千冊，抗戰時先寄存在港大馮平山圖書館，幸保不散失。1961 年由其後人取回，捐贈給廣東省文史館，至今大部分仍然保留在該館，其中就有不少中醫類的書籍，區氏後人至今也保存有他手抄的中醫方藥類鈔本等，可見區太史在醫學方面確實下了很多功夫。

附錄：區兆熊先生採訪記

筆者在本書寫作過程中採訪了區大原的幼子，九十五歲高齡的區兆熊先生，他跟隨父親十多年，對區大原香港生活場景頗有回憶。今將採訪提要簡單附錄如下，讓讀者了解晚清翰林在港的生活細節。

（筆者）問：請您談談幼年去香港生活情況。

（區）答：我生於 1926 年，出生第二年就跟隨父親和母親到香港了，我有三個母親，大媽媽在鄉下松塘村，三媽媽在廣州，我媽媽是第二房，我還有十幾個兄弟姐妹，我排行最

小。我出生時，父親已經五十七歲了，因為我年紀最小又是兒子，所以爸爸帶着媽媽到香港，只帶了我一個過去。父親到香港後，一直靠教書和寫字賣文為生，有說他在港大教書，這是不準確的。他在港島的嶺島中學做過老師，還有一家叫梅芳的女子中學，他除了教中學，也在家教私塾學生，經常有富家子弟，來家裏跟父親學古文，學生除了聽父親講課，還要交作文，父親批改。上課時我就在旁邊搬個凳子旁聽，這就是我初次接觸舊學。

你所說的賴際熙、溫肅、朱汝珍，還有岑光樾等，我小時候都見過。但我年紀小，沒有去過學海書樓，只知道父親在那裏上課。我在香港讀小學，初中，到了高中二年級，日本人來了，我們全家輾轉回到內地，就再也沒有回過香港。

問：能否回憶一下你們在香港的生活情況？

答：我們住在港島，街名叫英華臺，現在這街名字還在，我 2008 年去看過，已經全部拆除了老房子了。我們家的門牌是 12 號二樓，位於街尾，是個斷頭巷子。

我家在二樓，父親的書桌後面都是一排排的書箱，他每天就在書桌上看書，教學生，要不就是寫字。他接寫字的活很多，每天都在寫，我記得之前廣州文德路的三多軒等經常給他接單，他每天寫字，就是我在旁邊伺候。我們家並不富裕，沒有請傭人，家務由我母親承擔，我就每天給父親磨墨拉紙，看他寫字。

父親寫字，選用上等的徽墨，用石灣產的墨缽（一種陶製的墨盆，取其能發墨快），不用端硯。我用一個特製的竹夾子，夾住墨條磨，竹夾子能將墨條磨到末端，也好用力。我磨很久之後，父親會用筆蘸起來試試，夠濃度才叫停。

父親生活很簡單樸素，吃得清淡，不吸煙，也很少喝酒。他又給人開方行醫，家裏客廳還掛着治愈者送來的匾額鏡框等。

問：當時來往的其他太史公的事情您還記得嗎？

答：我年紀還小，記憶比較清楚的是區大典，我叫他大伯父（筆者插問：區大典是不是比較沉默內向，不擅交往？）是的，他比較內向一點。他和兩個老婆一起，就住在我們英華臺旁邊，我們是鄰居，我經常上大伯父家玩，他也挺喜歡我的。

其他父親的朋友，我大約都見過，常來往的有朱汝珍和溫肅，還有岑光樾，我記憶中還有江孔殷，因為父親平時飲食清淡，可是江家宴客，父親總能夠帶回打包的美食給我和母親享用。我至今還清楚記得兩種，其一是三蛇羹，其二是無骨鴨腳包，非常美味。父親有一句話常掛在嘴邊對我說：你出生晚了，沒見過我風光的年頭！

問：後來抗戰發生時情況是怎麼樣？

答：香港保衛戰發生時，是 1941 年底，我在九龍德明中

學念高中，那天晚上我記得很清楚，日本飛機突然轟炸九龍和港島，我還在學校，維港沉船很多，渡輪已經宣佈停航，我回不了家，直到第二天晚上，我一個同學的家長，用重金找了一隻小船來接兒子，我跟着他上了小船，這才回到港島家中，父母急得團團轉了。

日本佔領港島之後，慢慢才回復秩序，我們也不用上學了，家裏有一段時期很困難，不過也還不至於米缸裏沒有米，有時候有父親朋友接濟一點。日本人來找過父親，想拉攏他出來做偽職，父親很有民族節氣，說年紀大，不方便了。（筆者插問：您父親留學日本，能說日語嗎？）我沒有聽過他說日語，只知道他留學過日本法政大學，家裏還保留有他的朝珠一串。

1943年，因為香港的生活越來越不好過，父親想我繼續回內地唸書，他就先派人送我，經陸路北上，輾轉到了粵北，我才到梅州繼續學業，父親從此遠隔兩地，他不久也回到鄉下松塘村教書和行醫，抗戰勝利前去世了。直到他去世，我再也沒能見到父親。

杜鵑庵主話溫肅

　　研究清遺民的台灣學者林志宏在他的名著《民國乃敵國也》一書中提及，「綜括廣東清遺民活動的特色，可知不在政治復辟運動，而是汲汲於文化事業。」這句話對於普遍的廣東清遺民而言固然不謬，不過在溥儀的小朝廷中，卻活躍着一位廣東人的身影，近代史上他是一個時隱時現的人物，順德溫肅。

　　溫肅（1879－1939）字毅夫，號檗庵，順德龍山人。龍山溫氏是當地大族，清代嘉慶年間出過翰林溫汝适，溫肅從小讀書便聰穎過人，光緒癸卯（1903）中進士，入翰林，當年才二十四歲，次年還未散館已任編書處協修官，三十三年（1907）散館授編修，次年任國史館協修官。宣統二年，任湖北道監察御史。溫肅年少科甲，本來眼光應較為開闊，然而在政治上，他卻極為保守。剛剛接新職務，他就利用御史可以遞摺參奏的權利，奏請皇上嚴管報紙媒體。

　　當年北京已經有不少敢言報紙，每日派出記者，在茶館坊間打探消息。溫肅仇視報館，緣由頗複雜。清末官場臃

腫，即使高中翰林，在京城等升遷
不知何年何月，若是沒家底的小翰
林，隨時辭官回鄉尚可謀溫飽。
留在京城，除非一甲進士或者有背
景，否則萬難升轉，唯有求放外
派。當時外派也需要有大力者才能
放好差事，好在當時的協辦大學士
戴鴻慈頗為關照廣東同鄉，在他入
軍機的宣統二年，即安排溫肅外放
湖北。可惜造物弄人，戴鴻慈在當
年三月急病過世，清代規矩，大臣

| 溫肅朝服像，手捧奏摺盒。

病逝前，會自撰遺摺上奏，戴鴻慈由於急病過世，沒來得及寫
奏摺，當年３月《香港華字日報》曾報道說：

> 聞戴鴻慈病中，未嘗預備遺摺，其卒也，三二
> 人於私室繕之，各親友罕見有摺稿者，據同鄉某京
> 官云，此摺係翰林院編修溫肅黎湛枝所為，未知確
> 否。摺上保二人參一人，同鄉親友皆謂戴平日謙厚
> 謹慎，此等舉動，不類其為人，於是頗滋疑竇，聞
> 軍機處索取文誠（按即戴的諡號）遺摺底稿閱看，既
> 非戴筆跡，亦無戴畫押云。

清代奏摺通常由大臣自己擬好底稿，或者口述再讓幕僚
用正楷寫好，再遞入宮中，遺摺這樣重要的奏摺，通常也會畫

押以示經本人過目，戴鴻慈的遺摺，既非親筆，又無畫押，自然引起猜測，「保二人」即保舉兩位後輩，報紙上沒列出名字，然而起草的是溫肅和黎湛枝，令讀者呼之欲出。這篇報道的來源，是當時的《北京日報》，於是溫肅接掌御史之後，首先遞的奏摺，就是嚴管報紙。

宣統三年，溫肅再派四川監察御史，不久清室傾覆，當年的溫肅，才三十出頭，正準備大展拳腳時，皇上卻沒有了，他選擇的是決心與遜帝一起，重拾舊山河。民國二年，鐵良等滿族舊臣即組織「宗社黨」，這個組織以復辟君主立憲政體為號召，本來骨幹都是滿人，溫肅卻是極少數的漢臣之一。宗社黨後來因同盟會的暗殺而解散，溫肅逃回廣東，避居香港。

暫居香港的溫肅，沒有像同年的賴太史等人一樣，過着寓公的舒適日子，他仍在等待北京傳來的消息。1917年，張勳發動兵變，將溥儀重新扶上龍椅，史稱「丁巳復辟」，溫肅大喜過望，馬上準備收拾

| 溫肅楷書條幅贈李孔曼

行裝北上，可惜半途已經聽到段祺瑞討逆的新聞，張勳狼狽下野，這次復辟，溫肅的唯一收穫是被遜帝任命為「都察院右副都御史」，所以後來遺民們都稱他為「毅夫副憲」，儘管他一天也不曾到任。

復辟夢又一次破碎，溫肅卻決定留在遜帝身邊，在梁鼎芬等人的舉薦之下，他為溥儀進講，講書的題目，他也精心選擇了《貞觀政要》，以唐太宗治國的方略，勉勵遜帝勵精圖強。1922年（遜帝宣統十三年）宣統帝大婚，廣東遺民一起聯名上摺祝賀，為了籌備大婚所需的巨額資金，溫肅絞盡腦汁，曾致函賴太史云：

> 北行之議，絕不中止，業函告朱聘三（按即朱汝珍）謂在粵可籌辦報效款一二萬元，今只燾師（即陳伯陶）及芷亭認有實數一千，省中諸公約十餘人，多係每認一二百之數。

此信焦急之情，見諸筆墨，後來因溫肅一再告急，陳伯陶個人捐款達港幣一萬元，總算保持了廣東遺民的顏面。宣統為了答謝，賞賜幾個最重要的大臣以「紫禁城騎馬」頭銜，有馮玉祥孫寶琦等，溫肅與陳並列得賞，可見遜帝對他的重視。

馮玉祥翻臉逼宮後，遜帝躲到天津「張園」，溫肅留在內廷，與朱汝珍一起隨侍。離開了紫禁城，遜帝的經濟一下子緊張起來，身邊的侍從大臣間，鬥爭無形中更為激烈，胡嗣瑗，羅振玉等人開始排擠其他後輩。這時候朱汝珍首先被擠出

張園，沒有了廣東同鄉的支持，溫肅也只好黯然遞摺告辭，坐船回到香港，時為 1929 年十一月。在他給賴太史信中，談到此事說：

> 天津兩次函均奉到，所以遲遲未復者，初因竹翁未有主意，故無可復。後因老東翁辭去竹翁，遂決意不幹，前議今都作罷論。竹行且到粵矣。弟因老東辭去之後，列一長摺上去，跟住亦告辭。

此信用了隱語，竹翁當指朱汝珍，「老東翁」無疑即遜帝溥儀，朱汝珍既決意南返，溫肅只好也一起歸去。到達香港後，當時香港還是金文泰主政年代，重視大儒，溫肅經賴太史推舉，進入香港大學，成為正式教授，1929 年港大全體教員合影之中，只有三位穿長衫者，溫肅坐在第一排，其餘兩人是同一排坐的賴太史和區大典。賴太史安排他們一家住在靠近港大的薄扶林道。回到香港不久，他印行了《香港大學中文學院哲學講義》一卷，是他在港唯一的學術作品。

溫肅在港大不久，因賴太史辭職，他也辭去了港大教職（只有區大典留任到 1936 年），時為 1931

| 溫肅在港大講哲學，這是他所編的《香港大學中文學院哲學講義》。

年十二月，他在港大前後三年，其中又有數月北上天津張園「行在」，所以他在港大逗留時間不長。辭去教職後溫沒有選擇留港，而是回到了順德龍山故鄉閒居。這時候他的經濟來源只有香港的陳步墀等富商每月定期匯款和筆墨莊代收的求字潤筆，較為清苦，然而他對於遜帝復辟的希望仍然十分強烈。

1932年，日本扶植溥儀建立「滿洲國」，消息傳來，內地的清遺民各抱有不同態度。明眼人都能看出這是日本人羽翼下的傀儡政權，與清室的復辟不可同日而語。然而溫肅卻精神十足地戴上朝服，拖着病軀到新京（偽滿洲國首都，今長春）親自到賀。據同僚回憶說，朝賀三跪之後，他的腿都不能站立，要其他人扶持才能平身。

因為身體多病的原因，溫肅不能留在滿洲國服務，溥儀感動於這位昔日師傅的忠誠，將他隨行的長子溫必復留在「內廷」服務，溫肅這才心滿意足地回到順德。這次北上，他也寫信給賴際熙談及一切：

> 別後於八月二十六日抵大連，二十九日抵長春，昨謁行長及行中辦事諸君，始悉此次本行組織成功，全是雪堂（指羅振玉）之力，而現在總經理一職則屬之太夷（指鄭孝胥），因此不無意見，而內裏暗鬥亦因是與。誠非計也，幸資本充足，聯和力甚大，基礎不輕易動搖也。

信中的「行長」無疑指溥儀，「總經理」則指鄭孝胥被任

| 溫肅順德龍山太史第杜鵑庵前廳

命為國務總理一事，此信中溫肅對「本行」充滿信心，自詡「資本充足」似乎是過分樂觀。回到順德鄉下，他將書齋以望帝春深的典故命名為「杜鵑庵」，閉門教子讀書。1937 年，因吊唁老同年賴太史之喪事，他最後一次從順德南下香港。1939 年，他的身體日益虛弱，友人上門閒聊，說昨晚夢見溫過世，朝廷給他以「文節」的諡號，這位老朋友本來是說笑話，溫肅卻很認真地說「這諡號很好啊」，因為清代得諡文節的，都是忠孝名臣如戴熙等人。九月二十一日，溫因病在龍山病逝，臨終寫長遺摺一份，遞到「滿洲國」朝廷中，果然獲得「文節」的諡號。

　　笔者少時在廣州從李文田幼孫李曲齋先生問學，李老師的父親與陳伯陶溫肅交情很深，所以經常聽到不少他說這位父執輩的故事，印象較深者，如溥儀大婚之後，從內府拿出一盤古玉，讓溫肅帶回廣東，分賜給效勞最高的幾位老臣。溫肅看中了御賜古玉，私下從琉璃廠買來一盤行貨玉器，帶回廣東，煞有介事地讓受賜者擺好香案叩頭北向謝恩，再領他的「賜」，這小狡獪也可見溫肅的心思。

溫肅有六子，分別嵌入「信必果復清」等字眼，寓意他對清室的忠誠。他訓子甚嚴格，長子溫必復，字中行，曾效勞於滿洲國，在瀋陽工作。抗戰後回到香港，任教於珠海書院等，擅長經學。溫中行娶賴太史之孫女賴㷛芳為妻，所以溫氏與賴家為姻親。四子溫必信，在順德鄉間伺候老父，並保管其書信和遺物，必信跟隨父親最久，書法也很像溫肅。1949 年後，留任鄉村教師，「文革」禍起，他自知出身不好，將所存父親遺物委託友人吳氏保管，投塘自殺。

筆者在港曾採訪溫肅最幼子溫必清，他收藏有一件《春心圖》，這是溫肅生前最喜歡的一件書畫，由李孺所繪杜鵑圖，陳寶琛王國維等十餘家清遺民題詩。手卷在抄家後流落香港，最後由溫清購回收藏。他又贈筆者另一幅《香江送別圖》的題跋，這是 1917 年「丁巳復辟」時，香港眾遺民送別時題詩，原畫為姚筠所繪，已經失去，題跋也被剪去首尾才幸得保存。

溫肅書法，在宣統年間已經頗有名氣，他的小楷和行書，尤其精到，小字學《磚塔銘》，既精巧又峻峭。大字行書也是氣格穩重，香港現存他的書法作品不少，較精緻的，如香港大學馮平山圖書館所藏《馮平山壽序》楷書屏，大字如保良局門聯，黃大仙祠孟香亭牌匾等。

位於順德龍山的太史故居「杜鵑庵」，是一座臨街的兩進晚清青磚房屋，經歷多次劫難一直保存，天井中有古井一口，一株溫肅手植的楊桃老樹，仍然枝繁葉茂。2017 年底，溫氏族人將老宅賣給發展商，才被徹底剷平，望帝的杜鵑魂，已無覓處。

廣栽桃李岑光樾

　　昔日香港銅鑼灣最熱鬧的波斯富街上，聳立着一座地標式的劇場，這座建於 1929 年的劇場，以銅鑼灣大地主新會利家的姓氏命名為「利舞台」，曾經是香港最高級的劇院，梅蘭芳等大老倌多次在此登台獻演。當年這所劇院的舞台是東南亞最先進的，能電動升降，舞台兩側，懸掛有一副紅漆貼金木刻長聯，氣勢十足：

> 利擅東南，萬國衣冠臨勝地
> 舞徵韶護，滿台簫管奏鈞天

　　這副長聯昔日是很多香港人的集體回憶，直到 1991 年利舞台拆建為商場之後，有十多年時間，對聯仍然懸掛在商場大堂入口處，非常醒目，對聯的書者，就是老一輩熟悉的岑光樾太史。

　　岑光樾（1876－1960）原名孝憲，字敏仲，順德桂洲里

| 保良局大廳懸掛岑光樾對聯（外側）

村人。桂洲地處順德與香山交界，魚米之鄉，生活安分富庶，岑太史生於小富之家，在順德著名學者簡朝亮門下學習。清末廣州府有兩位大儒，影響最大，即陳澧和朱九江，岑光樾的父親簡公是陳澧弟子，簡朝亮則是九江先生高足，所以岑實有兩家之長。光緒二十七年（1901）岑光樾中舉，光緒三十年成為最後一科殿試進士，選庶吉士，當時才二十八歲，時人稱羨。他在考會試時，文章中曾有一句說「一姓之興亡私也，生民之生死公也」，這句話頗為讀卷官張百熙所讚賞。

　　由於當時已經開始科舉改革，新科翰林多選派日本留學，在光緒三十四年（1908）他在日本法政大學畢業，回國後參加考試，成績優異，授翰林院編修，賞侍讀銜。宣統元年（1909）授通議大夫，後加國史館編修等職。

辛亥爆發革命，岑攜家人避居上海法租界，1922 年回到桂洲，自號「鶴禪」，開辦了私塾教學，也在當地的桂山書院等地講學，並隨即應香港遺民的邀約，遷往香港，與賴際熙一起在般含道開辦成達書堂講學，隨後又任官立漢文師範教職，在漢師講課十多年。

從香港報刊廣告可知，從 1928 年 8 月開始，岑與區大典加入了學海書樓講學，1932 年秋天他開始講《漢書‧藝文志》等。香港淪陷後，他回到桂洲避居，繼續開辦其成達學校。1947 年 7 月，在香港學生和朋友一再邀請下，岑太史從順德回到香港，他當時已過花甲之年，仍然不忘教育事業，在灣仔熱鬧的軒尼詩道 282 號開辦成達中學，附設小學，向教育局註冊招生。第一年只有五間課室，招生一百二十多人，第二年增至一百七十五人，第三年竟然達到三百四十五名，已經是香港當年教育局規定的極限人數，可見岑太史辦學在當時港島的知名度。

岑太史對於成達中學，傾注了他晚年的全部心血，每屆新生入校，他親自致訓辭，學生畢業，他用駢文自撰紀念冊辭。學校舉行大型活動，他親臨頒獎，成達的宗旨之一，是培養「舊學根柢」，在香港普遍重視英語實用科目的中學教育中，成達始終堅持國學基礎，這是岑太史弘揚傳統文化的苦心所在。

岑太史書法在晚清時已經嶄露頭角，他師從順德同鄉李文田的風格，以魏碑加入唐楷，其書風雍容典雅，既有館閣的富貴，又有魏碑的剛健。他的早期書法代表作，是立在國子監

大殿前的《甲辰科進士題名碑》，該科進士藏龍臥虎，卻公推了岑書寫此碑，可知他在翰林中書法的名氣。

由於長期居住在香港，他的書法在香港知名度非常高，香港許多場合可見岑題字，如商號牌匾、碑銘、長聯等，上述利舞台的長對聯，就是由探花陳伯陶撰文而由岑所寫，其餘著名的書跡還有「東華東院」門額，香港仔華人墳場等。不僅香港，當時海外的很多客人也慕名向岑太史求字，今日在曼谷、新加坡、檳城乃至悉尼等地都有大量岑太史題寫的商號招牌。

由於岑太史得享大年，他還為眾多翰林老朋友題寫了像讚和輓聯，這些都收入在他的詩文集《鶴禪集》之中，他也擅長寫對聯，除了利舞台外，保良局，黃大仙等地都保存有他撰寫的名聯。

居住香港的幾位太史，都信奉道教，岑太史也不例外，他的道號為圓靜，在八十歲時曾請人為自己畫了一幅道服像，自題像讚，並且開始蓄

岑光樾題學海書樓講學錄第二集

岑光樾墓碑

鬚，風緻翩然，猶如神仙中人。太史終其一生，仕途並沒有太多經歷，平淡自適，與世無爭，唯一牽掛的只是教育事業。

1960 年 8 月 17 日，岑太史於養和醫院病逝，享年八十八歲，8 月 20 號，在香港殯儀館舉行告別儀式，當日到場者達到一千四百多人，香港名人盧湘父、馮秉芬、利銘澤等親自執紼送別，安葬於荃灣華人永遠墳場，墓碑上書「清誥授通議大夫翰林院編修顯考敏仲岑府君之墓」，岑太史幾個子女，大多從事教育，繼承他的衣缽，並整理他的文獻出版。

廣栽桃李岑光樾

藹然儒者朱汝珍

朱汝珍在近代歷史上，屬於一個有名氣但故事不多的人。他科名高，運氣一直不錯，但與同時期的人物相比，他事業並不出色，他的遜清同僚，前有陳寶琛王國維，後有羅振玉鄭孝胥，這些光環之下他的身影顯得黯淡，故很多人將他作為普通的清遺民看待。為朱汝珍作傳的也不乏其人，友人清遠潘氏著《朱汝珍傳》數萬字，北京邸永君兄也撰有其小傳，可謂不勞饒舌，筆者僅寫一點朱與香港有關的小事聊作補充。

朱汝珍（1870－1943），字聘三，號隘園、玉堂，廣東清遠人，父猷章公，以追剿太平軍之功，候選知府，遂安家於省城廣州。有子八人，汝珍同治九年（1870）於廣州出生，排行第七。光緒四年（1877），父親去世，隨母遷回清遠縣城；四年後，隨長兄朱汝琦赴北京讀書。光緒十五年（1889），汝珍回鄉參加縣試，考取全縣第一名生員即秀才（時稱案首）。旋入廣雅書院、羊城書院深造，光緒二十三年（1897），以廣州府試第一名，考取丁酉科拔貢生。光緒

| 朱汝珍晚年像

二十九年（1903），朱汝珍於順天府應癸卯科鄉試，初試為第三十一名舉人，覆試為第一百九十六名，考取舉人。光緒三十年（1904）三月，應甲辰恩科會試，考取第一百零五名貢士，複試名列一等第十九名，即所謂連捷進士。

　　按照清代慣例，大考之年五月殿試。讀卷時，有個非常著名的故事，說原本朱汝珍的卷子排在第一，呈太后御覽時，太后一看籍貫是廣東人，已經不悅（慈禧因康梁和孫中山的關係不喜歡廣東人），而名字中的「珍」字更觸起對「珍妃」的厭惡，於是看第二名卷子，是河北劉春霖，當時剛好北方大旱，春霖二字吉祥，於是太后親自將狀元榜眼名次調換，這可說是朱汝珍一生最有名的傳奇了。

　　這個故事，流傳甚廣，其實情如何，已經不可能深究。筆者藏甲辰科翰林高振霄（1876－1956）致賀朱汝珍七十壽辰詩四首，其中一首註云：

> 甲辰進士策進呈，君列第一，臨時改易第二，
> 都下竟知之。

此句由他的同年進士口中所傳寫，又是致朱本人的賀詩，對此事的真確性不無佐證之意義。

當時選送名次高等的翰林到日本留學已經成為風氣。光緒三十二年（1906）八月，朱被派往日本東京法政大學，入速成科攻讀法律，研讀世界各國法律，撰寫論文。同年，清廷宣示預備立憲，社會進程加速。光緒三十三年（1907）十二月，汝珍學成回國，參加進士館遊學畢業考試，以八十分名列最優等第六名。旋授法律館纂修，兼京師法律學堂教授。與日人松岡義正、岩井尊文等合作，編修《大清民律》。是年底，完成《大清民律草案》。

光緒三十四年七月，法部尚書沈家本奏調翰林院編修朱汝珍編撰民法和商法，奉旨依議。宣統元年（1909）與日人志田鉀太郎合作起草《大清商律》。是年底，《大清商律草案》獲得通過，又進呈《中外刑法比較》十卷，授侍講之職，賞五品銜。翌年初，授德宗實錄館纂修官。六月，清廷舉行首次法官試，據《香港華字日報》報道，7月23日，朱汝珍赴貴州任副主考官。

朱汝珍 1908 年到 1911 年之間的事跡，史料很少，《香港華字日報》在 1910 年 10 月曾登載一短消息，略謂法部多舊臣，不懂新法，而朱汝珍以年輕翰林又曾留學日本，經常與同僚甚至上官意見不合，當時的法部尚書，廣東南海人戴鴻慈

因軍機繁忙，較少理事，管事的侍郎某又譏笑朱不通人情。朱竟憤然辭職而去。後來沈家本接掌法部，「壯其風節，奏請為法律館提調，法部復送月俸二百金，朱笑卻之。」則當時朱已從法部辭職。

辛亥革命之後，朱汝珍留在北京，因書法工整，在溥儀身邊做文學侍從。民國二年（1913），奉旨恭書神牌，賞加二品銜。是年，與朱應彪合編廣東道教《藏霞集》。1916年11月，撰就光緒皇帝的《德宗景皇帝本紀》。兩年後，《德宗景皇帝實錄》成稿，授汝珍為南書房行走。1922年1月，《德宗景皇帝實錄》終告完成。此後，又奉旨與陳寶琛袁勵準等清查內府珍藏字畫文物之功，賞食三品俸，朱汝珍已成遜帝溥儀信任的「股肱之臣」。

朱汝珍與遜帝的關係，在馮玉祥逼宮事件之後更加密切。當時溥儀匆匆出逃，朱汝珍因熟悉日語，主動請纓與日本使館溝通，得以將遜帝及隨從安頓於天津日本租界，與使館一街之隔的「張園」之內。張園是兩湖統制張彪的庭院，張忠於清室，為了迎接遜帝，還專門從英國惠羅公司訂製了全套的英國家具，深得溥儀讚賞，張園門口掛出了「清室駐津辦事處」牌子，張還每日到張園打掃，以示忠誠。

但是張園的產權，當時已經被張彪抵押給銀行，因此清室每月還要給銀行租金。此事由朱汝珍經手，但被張彪的手下揭發，說朱每月向清室報銷八千元，而銀行只需要五千元，中間有私吞之事。朱聞訊大為驚恐，向羅振玉等好友請求說清，最後溥儀以老臣之故，沒有追究，但從此不獲信任。且當

藹然儒者朱汝珍

時溥儀近臣中，也沒有廣東人能互相支持，1929 年，朱六十壽辰，遜帝御筆賜「福壽」字等珍物，然而朱已萌生退意，1930 年，他悄然離開天津，移居香港。

剛剛到達香港時，朱汝珍正值壯年，在港遺民之中，老輩如陳伯陶已經老病，賴際熙等也垂垂老矣，朱是遜帝身邊過來人，又較為年輕，一時成為當時遺民的領軍人物。賴際熙 1937 年臨終前，曾拉着朱汝珍的手，將學海書樓與藏書囑託給他照顧。

朱汝珍初到港，即應旅港清遠同鄉的邀請，擔任新成立的「清遠公會」會長。然而隨後經濟危機拖累，清遠工商凋零，公會又發生財務糾紛，1933 年換屆時，朱決意請辭，不再留任，但朱對於鄉梓之事務，仍然牽掛於心。1934 年，清遠重修縣志，朱汝珍擔任總撰，將清遠從光緒年間開始的六十年間歷史記錄完整，共二十一卷，十萬多字。1934 年溥儀就任「滿洲國」皇帝，朱汝珍列名賀表，然而並沒有親自到賀。

1935 年 3 月，清遠發生水災，朱汝珍不顧七旬高齡親自號召捐贈賑災。據《工商日報》5 月 23 日報道，朱汝珍率領僑港清遠善心人士，在荷里活道 242 號成立「清遠僑港籌賑水災會」，他自任會長，還撰寫數百字賑災信，分發香港各界，運用自己的影響為家鄉賑災。

朱汝珍在香港的另一功績是文教，1931 年，他初到港時，曾開設私立「隘園學院」，招生只有三十餘人，效果未如理想，旋即應賴際熙之請入港大中文系任教哲學與文辭，成為繼賴際熙與區大典溫肅之後，第四位受聘於港大的翰林。

1930 年，朱與同榜進士陳煥章一起創辦香港孔教學院。1933 年，陳病逝後，朱接任院長一職。孔教學院是香港重要的儒學機構，下設中學，以宣揚孔子之教為宗旨，至今仍然講學不休。

不僅在香港宣揚國學，朱汝珍還在古稀之年親自往南洋宣講國學。1936 年 3 月 9 日《香港華字日報》報道：

> 朱汝珍太史，將於本月奉孔教會派赴南洋群島宣揚孔道，查本港清遠同鄉會以朱氏行期將屆，特於今日下午九時，假座石塘咀金陵酒家設宴餞別。

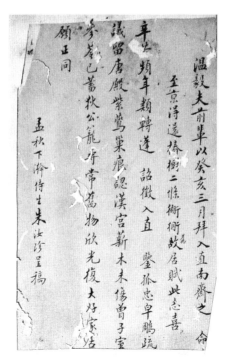

| 朱汝珍題《香江送別圖》詩

石塘咀的金陵酒家，老闆黃灼臣是著名收藏家，也是風雅之士，這所酒樓是昔日太史們最喜歡宴客之所。歡宴之後，朱遠赴南洋新加坡，馬來西亞等地，所到之處，華僑奉為大儒，邀請做客宣講，題寫書法者每日不斷，此行為孔教學院籌款達到兩萬元之多，成為清遠孔教學院分校的啟動資金。

在馬來西亞，朱汝珍遇見僑領朱海均，朱是粵北陽山人，同屬清遠，又是同宗，分外親切。朱海均除了邀請太史到陽山老家做客，還相邀其為《陽山縣志》擔任總撰。

當年太史已近七旬高齡，本來不願意接此重活，朱海均一再誠意相邀，並請朱太史回廣東之後，去陽山看朱在當地所建宗祠。此宗祠氣派非凡，今日仍然保留，因外觀白色高牆樓閣有「陽山布達拉宮」之稱。朱太史被其熱心鄉梓之情所感動，又因此前已着手編《清遠縣志》（見上篇介紹），清遠與陽山為鄰，手邊資料較為豐富，遂允為陽山作志。

1937 年，《陽山縣志》在香港編成並在港付印，在中國方志史上，一縣的地方志，通常只會在本地或者省城編撰印刷，然而香港卻產生了多部民國時期的廣東方志，並且都與居港太史有關，這是香港文化史值得大書的事。

1939 年 11 月 13 日，農曆十月初四，是朱汝珍夫婦七十雙壽的大喜日子。當時《工商日報》曾經報道祝壽的細節：

> 夏曆十月初四日，為本港聞僑朱汝珍氏及其德
> 配區夫人七十雙壽，本港紳商學各界及各團體，
> 紛紛預備為朱氏賀壽，唯朱氏以值茲國難，不欲鋪

張，於本月十三日，在堅道孔教學院舉行簡單之謁
聖典禮。而將所有宴席費用，一部撥交中央救濟委
員會，賑濟難民，一部撥助清遠醫院建築費用（按清
遠為廣東之一等縣，尚未有醫院設立，朱氏深鑒鄉
人有病無醫之苦，竭力籌劃，一面自捐巨款，一面
四方張羅，以必須於最短期間內成立自期）。

其後還記錄了一段朱太史在當日謁聖儀式上的講話。此
段記錄，真實感人，朱太史掛念國難中的同胞與鄉梓之情，躍
然紙上，雖在八十年後讀之，仍能感受到老太史的赤子之心。

祝壽當日，戰爭的陰雲已經瀰漫香港上空，當日的報紙
已經報道首次有日軍戰機飛過香港上空。1941 年 12 月，日
軍攻佔香港。朱汝珍主持的孔教學院中學和小學停辦。日軍
佔領香港後，因為當時香港滯留很多南下避難的中國內地居
民，日軍知道香港的存糧無法應付，遂積極計劃將香港市民內
遷。當時清遠公會籌備了「歸鄉指導委員會」，朱太史以社會
名流的身份，親自主持工作，出面向日軍部為清遠鄉親領取回
鄉的「證章」，即回粵北的通行證明。

首任日軍駐港總督磯谷廉介，知道朱汝珍曾留學日本，
通曉日語，且又與滿洲國溥儀等關係密切，認為可堪重用。
於是他出面邀請朱太史出任維持會會長一職，並且主動送上食
物等物資一批，以示誠意。朱汝珍經過慎重考慮，以年高多病
婉辭磯谷的邀請。1942 年 8 月，他以與北京的兒子朱庸壽團
聚為由離開香港，到達上海，1943 年回到熟悉的北京，居住

藹然儒者朱汝珍

| 廣華醫院大堂朱汝珍楷書長聯，書於 1933 年。

在宣武門內九號諮議伯大院舊宅，當年秋天，朱太史因病於法源寺仙逝，時年七十三歲，葬於北京。1943 年九月初五日，香港孔教學院也為朱太史舉行了隆重的公祭典禮。

朱汝珍在香港留下頗多足跡與題字。他的書法，以唐代楷書為根基，平穩富貴，適合寫大字。據遺民之間傳說，遜帝在滿洲建國之前，御筆賜給各地遺民的書法，多數為朱汝珍代筆，其中如賜給陳伯陶的「玉性松心」，即為一例。朱汝珍也是道教徒，然而於其他太史信奉傳真教不一樣，他所屬的是先天教，朱留在香港書跡，較為著名的，早期如 1920 年為粉嶺先天道場題「藏霞古洞」，1933 年為黃大仙祠題「盂香亭」，1932 年為廣華醫院所寫「廣廈華風」長聯，還有為養和醫院所題「仁心匡濟」等，廣為香港市民所熟知。

美食傳家江孔殷

今日在香港，若問街頭的市民對「太史」的有什麼認識，相信絕大多數人只會說出「蛇羹」。沒辦法，太史蛇羹實在是太有名了，香港人只知道太史是做蛇羹的人。嶺南土地潮濕，花木茂盛，本來就適合蛇類生長。昔日廣東各地，均有吃蛇的習俗，但是今天卻只有香港保留了吃蛇的文化，每次到老牌蛇店坐下，點一碗太史蛇羹，店家必配以檸檬絲和用鹽水泡過的新鮮白色菊花小瓣，絲絲淡黃如古玉的蛇肉配着芸香油汁液的熏陶，白菊不但增加了視覺，也增加了鄉土之氣象，味蕾一下子回到了 1930 年。

這位因一碗蛇羹而名留香江的太史，就是赫赫有名的江孔殷，他一生的傳奇，坊間多有傳說，也有後人如江獻珠女史等的回憶錄，筆者不須饒舌，這裏只舉太史生平的一點小事，讓讀者了解這位美食家一生的側面。

江太史與筆者高祖是同鄉兼世交，兩人同在北京南海會館隔鄰而居多年，一起參加「公車上書」，太史姪孫又與家父

| 廣州河南同德里江太史第,曾經的紙醉金迷之地。

為好友,太史之故事,童年已經熟悉。落筆之際,且先讓筆者賣個關子,先從太史的過世說起,江太史在 1951 年 5 月過世,當時香港的報刊上,按照筆者所查找到的,先後有《工商日報》,《華僑日報》等多家媒體都刊發了報道,並且篇幅很長,只有賴際熙,桂坫等香港大老能有此待遇,這一方面是因為江太史過世甚潦倒,其二則是他在香港的知名度相當高。

　江太史在廣州解放之後,因年老多病,又腿疾不能出門,困居在廣州河南舊居太史第中,這時候太史第門庭不是冷落,而是破落已久。有香港記者在 1950 年曾慕名往訪,看到太史公桌上堆滿了宣紙,正準備寫對聯,說要在香港做展覽賣字,太史公苦笑着對記者說,現在政府要追他歷年欠稅和餘糧,他根本就沒有那麼多錢,只好賣字維生,「現在手停口停」云云。江家的太史第,舊址在今日廣州海珠區同福路同

德里十號，筆者往採訪時，尚存舊屋數所，這裏昔日月榭歌台，冠蓋雲集。民國初年，太史風光之時，所有廣州政要都以嘗過太史家宴為榮，誰能料到太史第也有衰敗的一天。土改開始時，江太史遭到清算，要追繳欠稅，甚至要逼其出售太史第清還。

江太史為人極有江湖義氣，也絕不吝嗇金錢，新建立的政權，有某高官早年曾受太史救命之恩，於是暗中為之緩頰。太史第才不至於被強賣，但遭此一劫，病中的老人更加重了衰弱，從此不能寫字換錢。1951年，土改進入更嚴厲時期，當時有所謂「城鄉聯絡處」的機構，從各地鄉下可以組織民兵進城，將城中的大地主或者資本家押送回原籍進行土改（此機構後來因影響太大而被撤銷），江太史的老家南海張槎鎮就派人到廣州，在太史第遍尋不獲，最後審問家人，才知道太史已經送入黎鐸醫院，工作隊從黎鐸醫院用擔架床將老人抬回鄉下，當時能照顧他的高官剛好派到北京，無人能救。老太史回鄉後，以絕食相抗，前後二十多天，瘐斃於鄉，一代美食家，竟然餓死，殊堪歎息。

太史去世，固然有歷史的不幸，然而我們若回看當時的廣州，尚存兩三位晚清翰林，這些老人並沒有遭到太多清算，張學華，商衍鎏等老輩，仍然安享晚年，再看北京上海等大城市，老太史們也鮮有受衝擊者，為什麼江太史卻遭此橫禍？這要從他前半生的驕縱說起。

同治三年（1864），江孔殷出生於南海張槎鄉的富庶之家，其父以經營茶葉致富，江從小聰明過人，他以科舉八股文

美食傳家江孔殷

著稱，傳說他曾為不少廣東舉子代考，都中了翰林，在當年的北京舉子界中很有名氣。他與劉學詢、蔡乃煌、鍾榮光並稱清末廣東文壇「四大金剛」，可是自己考試卻屢次敗北，最後他也要靠人作槍手才考中光緒甲辰科翰林，當年此事傳出去，他毫不以為羞恥，並自嘲「過得海便是神仙」云云。

　　高中翰林之後，江外放為道台，候補廣東水師提督，當時廣東各地土匪為患，他被粵督任命為兩廣清鄉督辦，這個職位能掌握兵權，所以在宣統年間，他是廣東重要的政治人物。《香港華字日報》曾經報道，宣統三年9月，香山縣的沙溪鎮全鎮被土匪洗劫，粵督張鳴岐聞訊，即派他帶領一千士兵，從省城開往沙溪剿匪，可見他還曾經帶病打仗。他最為知名的兩件事，都與革命黨有關，其一是支持潘達微安葬黃花崗七十二烈士遺體，提出自己可以負全責。其二是在辛亥廣東光復時，與梁鼎芬一起支持廣東獨立，脫離滿清統治，從這兩件事上可以看出，江的思想並不保守，辛亥之後，他也從不以遺老自居。

| 江孔殷與姨太太攝於太史第花園

然而江出身富家子，卻染有很重的驕橫習氣，其女婿曾回憶說，晚清的廣州城在過年時，流行擺牡丹花作為清供，牡丹花從北方運來，更要用牛奶澆灌才開得鮮艷，當時中等人家，過年時擺設一兩盆已經足以矜誇，江太史第過年卻在中庭擺放一個牡丹花陣，一人高的大株花朵有十幾盆，客人先從花陣中走過才到中堂，香營霧陣，果然是大富之家氣派。不僅家有排場，太史出門也官氣十足，《香港華字日報》宣統二年 9 月 22 日有一則記載，說廣州城內巡警在城西巡邏時，發現花艇（即當時廣州著名的水上歡場，以珠江上裝飾華麗的大型船隻作為溫柔鄉）埠頭旁停着一挺轎子，巡警上前，禮貌勸諭轎夫挪開，以免阻礙行人。轎夫答應後，一小時巡警見轎仍在原地，遂上前命令移開，此時轎夫則說主人尚在艇上，不能走。擾攘之間，有一紳士從船上聞聲上岸，對着巡警大聲喝罵，說看這轎子你就知道，「主人非官即紳」，還不識趣走開？巡警見此人架勢厲害，居然灰溜溜走人。此事被省港報紙傳開，才知道紳士即江太史。

　　太史不僅平時盛氣凌人，在治家方面也是威風八面。1948 年 9 月，當時年事已高的江太史為了次子江仲雅提出要搬到生母布氏（太史三姨太）家居住，兩父子居然由吵架繼而動武，太史不敵兒子拳腳，被毆傷以致要報警到洪德分局，此事當時也上了廣州和香港的報紙新聞。即使當時江已經落魄，在廣東仍然有威望，同年 11 月《華僑日報》登載了一則消息，南海的芝安與羅沙兩個鄉發生了村民械鬥，鬧得不可開交，當時雙方僵持不下，只好請老太史出面調停，太史也不顧

美食傳家江孔殷

年高親自協調云云。

談到江太史家的美食，那是清代廣東富庶遺風的最後遺存。清中期以來，廣東因外貿致富，行商大族，講究飲食古董，成為一種風尚。晚清上海開埠，行商家族逐漸沒落，這時候能振起一二遺緒的，便只有南海的譚家和江家兩位太史家廚。南海譚以炮製乾貨海鮮馳譽北京城，江太史則以生鮮食材名滿南天。

晚清的廣東，對於吃仍然很講究，為什麼江太史家菜特別有名，因為江除了講究烹調，還自己開設農場，他在廣州東郊外蘿崗開闢了一千畝地，開設「江蘭齋農場」，有了農場作為供應地，江家的講究也就有了着落，他聘請專家在農場種植新品種，從而催生了蘿崗橙子，黑葉荔枝等新品種，還發現了荔枝樹下的著名美食荔枝菌（即雞㙡菌），每隔數日，農場的新鮮食材就會送到同德里太史第，這是其他富貴之家望塵莫及的。

太史第的美食，除了供太史公和家人享受之外，還有一個重要的功用，就是社交，當時太史第有宴客大廳，裏面擺滿紫檀家具，刻花玻璃屏風，古董滿架，這是太史用來招呼各界貴賓的場所，據說孫中山也曾經是太史第的座上客。太史第最風光的時間，是辛亥革命之後到 1925 年之間，此時太史息影政壇，接受香港英美煙草公司的聘請，擔任該公司的買辦，憑藉他八面玲瓏的社交手腕，將英美煙草的生意做得十分出色，與當時新興的廣東本地煙草商「南洋兄弟煙草」平分秋色。

自從英美煙草公司替換買辦之後，江家逐漸失去舊日輝煌，儘管太史還是講究飲食，勉力維持，然而家大開銷也大，逐漸依靠賣字和頂着美食家的頭銜到處為人作廣告維持門面。

當時粵港的酒樓，都以擁有江太史題寫的牌匾對聯為驕傲，廣州淪陷之後，江太史帶着家人，躲到香港避難，另接受了香港金融家梁某的邀請，住在羅便臣道妙高台豪宅中。香港落入日軍之手，首任日本駐港總督磯谷廉介，還向江太史借家廚到港督府烹調嘗鮮。但江太史倒是保持了民族氣節，他沒有接受日本人的誘惑出任偽職，後來帶着全家又回到了廣州河南太史第。

晚年的江太史，生活落魄。1935 年農曆佛誕，他到廣州六榕寺禮佛，在台階上摔倒，當時主持鐵禪大師立即請汽車送他回太史第，並聘請了佛山最有名的跌打醫師李廣海到廣州為他診治，然而終於落下了腿疾，從此只能夠用特製的木架子支撐着出門，這對於一向好動活潑的江太史無疑又是一沉重打擊。據鄧又同老先生回憶他當年所見，江太史晚年遇到故人過世，必支撐病軀，親臨致祭，由於不能跪拜，多在靈前肅立，頭往下三點，以示叩首，旁觀者無不動容。

江太史號霞公，當時廣東人多以霞字的諧音「蝦」稱呼其為江蝦，太史之間信函來往，也多以此為號，他也毫不以為忤。江雖翰林出身，自居太史，卻毫無遺老習氣，對於清室並無任何效忠之情，在遺民圈中他是一個邊緣化的人物，他與居港的其他太史，關係並不十分密切。然而這並不影響他在港的盛譽，早在辛亥之前，他在香港文化圈已經聲名顯赫，尤其以詩鐘對聯，享譽一時。魯迅在訪港時，就提及《循環日報》上看到江主持評選詩鐘的廣告。晚年他更以撰寫酒樓匾聯為重要收入來源，《工商日報》1932 年 10 月 18 日登載了他為香港中華酒家所撰寫的長聯：

中西珍錯，南北庖廚，更搜羅粵閩徽魯川豫烹鮮，食譜廣玉局隨園，鉤心無兩。

華夏冠裳，海濱裙屐，兼點綴花木樓閣亭台形勝，壯觀迄巴黎紐約，鼎足而三。

這副長聯除了讚譽酒家的廣搜善烹，還以巴黎紐約入聯，以「鉤心」對「鼎足」，很見撰聯老手的功力。今日港澳兩地酒家，已不見太史墨寶，唯一為酒家所題的招牌「廣能秀齋」，保存於澳門博物館中，這是他客居澳門時為當地一家順德菜館所題。另外，香港中環的老店「蓮香樓」中堂則掛有一副行書對聯，下聯為梁伯譽所寫，上聯卻是江太史的手跡，沒有落款，此聯何時錯配不得而知。

江太史晚年，靠賣字為生計，他的書法，確實很有功夫，他早年在南海會館跟隨康有為學習，中翰林之後，又跟隨前輩吳道鎔太史學字，他的楷書行書很有吳道鎔的影子，下筆重而收束輕巧，圓潤流暢。筆者藏有他寫給朋

晚年江孔殷信札，談及自己書法與晚清翰林館閣體。

友的一封信，其中提到館閣體，他說：

> 老朽雖為館閣中人，以時下訾詆台閣體書法者太
> 多，幸平日楷行草，前人碑帖都已臨過，一轉大草，
> 外間耳目一新，以平日多寫行楷，絕少大草也。然行
> 草已非晚清末造翰林所能為，故老朽他日所傳書體，
> 必以大草為最貴，行書次之，楷書又次之。

此信對於研究清代館閣體的衰落十分重要，以翰林的身份指出了館閣體的弱點。他喜愛王羲之《蘭亭序》，曾經收藏了一百多種拓本，所以將書齋命名為「蘭齋」，值得一提的是他的部分用印，乃出自晚清大家黃士陵之手，當時黃尚未享大名，也見太史眼光的前瞻。

抗戰之後，江太史多次改潤例，因當時物價飛漲，甚至要以米價作為潤例的參考，在九華堂為其所訂的 1948 年潤例中可見這種有趣的情況：

> 照丙戌（按指 1946 年）農曆十一月初一日起，
> 專收換黑穀香粳米一種，經香港代理藝一印社訂
> 明，米每百斤折交西紙壹佰元，本省內外代理如不
> 能交米換字者，應按西紙價折合國幣交收，以昭一
> 律，例款如下：
> 楹聯七言三十斤 八言四十斤 長聯另議 中堂百字
> 四十斤 過百五十斤 四屏三尺二八十斤 三尺八百二十

斤 扇面斗方一百二十字五十斤 金箋真偽俱不寫 蠟箋
粉箋不寫 商號聯名不寫下款

「黑穀香粳米」為陝西漢中特產，具有藥用價值，江太史
不愧美食名家，這份特殊的潤例也成為藝術市場史上的佳話。

回頭再看江太史晚年的結局，與他生平的任性驕橫，不
無關係，今日香港人知道他，多因廚藝的名聲。早在 1952
年，江家最後一代廚子李子華，就到香港上環孖沙街開設了大
排檔「小欖公」，由於李擅長烹調蛇宴，又擅做小菜，在港島
一帶小欖公和太史菜的名聲很快傳開，並且將太史五蛇羹文化
傳遍了香港。

江太史家族龐大，兒女眾多，其中最為今人所熟悉的當
推其十三子江譽球（1910－1984），是太史與其六姨太所
生，他的筆名「南海十三郎」，自幼跟隨父親喜愛看粵劇，也
因此迷上了名伶薛覺先的藝術。繼承了江太史綺麗的文風，
十三郎愛好寫曲詞，他以一曲《寒江釣雪》為薛氏所推重，並
為其撰寫多部劇本，還影響了後來的著名撰曲家唐滌生。十三
郎的姪女江端儀（1922－1966），藝名梅綺，端莊美貌，六
歲開始客串童星，曾主演過七十餘部電影，包括 1941 年的
《夜上海》等。在早期粵語電影界紅極一時。

江太史一生，從晚清政壇紅人，到富甲一方的商家，從
風流倜儻的太史公，到隱居避世的美食家，一代名饕，竟以
飢餓辭世，香港人今日記住他，卻因一碗蛇羹，太史泉下有
知，亦當一笑耶？

末代探花商衍鎏

清末的翰林，能活到 1949 年之後的，只有鳳毛麟角的幾位，這幾位大老，多數息影園林，安享晚年，這時期唯一一位出仕新朝，冠蓋登場者，是商衍鎏老探花。

筆者師承鐵嶺王貴忱先生，當年曾是探花老爺的弟子，說起這位太老師，王老就有說不盡的話題。說當年因為自己說起家鄉在遼寧鐵嶺，沒想到探花老爺一聽，就說咱們可是同鄉，說完哈哈一笑。

商衍鎏（1875－1963）字藻亭，晚號康樂老人，他的家族，屬於廣州駐防正白旗漢軍，即清初跟隨清兵南下的漢人族群，遠祖是遼寧瀋陽人，因此他父親的文集上寫籍貫為瀋陽，其實商氏家族世居廣州城內，已經兩百多年。商家在城內是一個有影響的大家族，叔叔商廷修，光緒戊戌科進士，入翰林，父親商廷煥（1840－1887）是大儒陳澧弟子，文章了得，可是終身沒有功名，他着力培養兩個兒子，長兄商衍瀛（1870－1960）光緒癸卯科進士，入翰林，隨後一年，商衍

鑾更加高中光緒甲辰科（1904）探花，那一年的榜眼是朱汝珍，傳臚當日，一甲三名新科進士騎馬巡遊京城大街後，先送狀元劉春霖回會館，隨後朱汝珍和商衍鑾兩人同時回到廣東會館，張燈結綵，通宵飲宴慶祝。商家兄弟入翰林，當時被稱為「禺山雙鳳」，禺山即番禺，為廣州城內之地，民國之後，商衍鑾自己也稱為番禺人，說東北是老家，那是一種祖籍的情結。

光緒三十二年（1906）他和其他新科翰林一起選派留學日本法政大學，專業為經濟和法律，回國後升翰林院侍講銜撰文，國史館協修，實錄館總校官。辛亥之後，他離開政府，當年德國剛剛籌備殖民學堂，這是新興的德國準備在國際上與

| 1916 年商衍鑾在漢堡拓殖學院授課表，上面說明其所授為初級漢學。

老牌殖民國家爭奪國外殖民地的預備學校。學校裏可以學習世界各地的文化知識，其中東亞系的教授是德國漢學家福蘭閣（Otto Franke），他在中國聘請研究助理，看中了商衍鎏的背景，於是探花郎束裝西遊，成為歷史上第一個到西方國家任教的翰林。

有關商探花在德國生活的歷史，一直是空白，只有他晚年的一點有限回憶。筆者為此專門到漢堡調查，當年的殖民學院在一戰之後解散，學院的各系併入了漢堡大學，幸運的是，殖民學院的檔案沒有被盟軍戰火炸毀，而是保留在漢堡市檔案館中。

在檔案館，筆者查到了商探花在殖民學院的課程記錄和薪水單等資料。從 1913 年開始，他就在該校教中文，1914 年殖民學院成立中國語言文學系，他成為教師之一。值得注意的是，他當年應該是學會了德語，從課程表上可以看到，1913 年的中文課，他與一位雅各（Jagger）教授一起上課，這是他講解之後由雅各翻譯給學生。然而 1914 年之後的課表上，中文課就只有探花一人講授，可見他已經可以無障礙地與學生溝通。在清代進士群體中，他大概是唯一能通曉德語的人。

1917 年，一戰爆發，他跟隨中國駐德使館人員撤退回國。回國後，歷任總統府顧問，大總統諮議，財政部秘書等。抗戰爆發，由南京入四川，抗戰勝利後，回到南京，又南下廣州，最後定居澳門兩年（1947－1948）之久。

商探花對於香港，可說並不陌生，早在光緒乙巳（1905）年，也就是他中探花的第二年，他就曾經來到香港，並應富商

李瑞琴之請，為他母親的墓廬「玉山草堂」題寫「餘慶堂」大字匾額，這方金漆大匾以魏碑大字寫成，極具氣勢。抗戰之前，商探花多次訪港，在香港和澳門，他都有不少熟人。賴際熙家藏信札中，也有一函為商所寫，信中提到感謝賴太史的家宴招待，宴會後遺漏了「金絲眼鏡，手帕一方」等小事，可見他也經常參與賴太史的小聚會。1949 年，在居住澳門兩年後，他的老朋友，在香港經營「九華堂」的劉少旅（1900－1996）邀請他在港舉辦兄弟書畫展。

劉少旅在上環經營的九華堂，是當時香港較有影響力的筆墨紙莊，也代理香港和國內的名家書畫，當年居港的太史，如朱汝珍、桂坫、岑光樾都在九華堂掛潤例賣字，劉少旅慕商衍鎏之名已久，於是提出在港辦展覽的想法，商衍鎏則提出要和北京的哥哥商衍瀛一起展，劉少旅自然更為歡喜。

1949 年九月初，香港的各大媒體上，已經出現了「商衍鎏探花不日來港」的預熱新聞，並且有熱心的愛好者已經預定探花墨寶。劉少旅也是營商高手，當年的宣傳他着重「碩果僅存的甲辰探花」作為號召，在策展過程中，又建議加入探花的公子，著名古文字學家商承祚（1902－1991）的甲骨文和金文書法，篆刻作品，使展覽成為一個家族作品展。

10 月 9 日，老探花在商承祚的陪同下，從澳門渡海來到香港，與香港故交歡聚之後，下榻新光酒店。11 號展覽在九華堂開幕，是為預展，預展接受預訂，正式展覽則在思豪酒店舉行。這次展覽，除了商氏兄弟翰林的書法，還有商衍鎏的墨竹畫作，還特別帶來重要展品：甲辰科鼎甲書法四屏，即劉春

| 大圍玉山草堂正廳商衍鎏題寫「餘慶堂」

霖、朱汝珍、商衍鎏加上傳臚張啟後四人合寫的書法，這種組合當時非常流行，可惜歲月不居，只有老探花還在世。這次展覽，特請廣州國民大學校長，學者吳鼎新作序，對商氏家族的書畫評價極高。展覽在思豪酒店結束之後，所有展品被訂購一空。

這次展覽之後，廣州形勢風起雲湧，商探花一直暫居等待局勢明朗。1950 年初，局面初定，他才動身北上，重新到南京長子商承祖家中居住，從此再沒有回到香港。不過香港的風雅之士，一直通過九華堂預訂探花的墨寶，此風一直到探花老爺過世為止。

回內地定居之後，商衍鎏被文化界尊稱為「老太爺」，他不愧久歷官場，非常能跟上形勢。先是當上了江蘇省文史館副館長，省政協委員。1955 年 10 月，《大公報》頭版刊載了「探花商衍鎏擁護簡化字運動」的消息。1956 年 11 月，中央新聞紀錄電影片廠專門到南京為他攝製了記錄片《探花的晚

年》，這是唯一一部以在世清代翰林為題材的記錄片。

拍攝記錄片之後不久，因為年紀漸高，不適應南京氣候寒冷，商老太爺搬回老家廣州，跟商承祚一起居住在中山大學校園，並以校園所在地廣州河南康樂的掌故起了外號「康樂老人」，任廣東省政協常委，廣東省文史館副館長。1960 年，周恩來總理聘任其擔任中央文史館副館長，與陳寅恪一起，成為當時在廣東的兩位中央文史館副館長。他雖年登大耄，卻非常能跟上形勢，題詩寫字不忘歌頌「紅太陽」，無愧少年時頌聖之功。1963 年 8 月 28 日在廣州過世，享年 88 歲。

| 商衍鎏自題八十八歲照片

商衍鎏一生，經歷三朝，平穩富足，可算幸運，他著述較多，最重要的作品則是 1958 年所著《清代科舉考試述錄》，是迄今研究清代科舉權威之作。此書出版於 1958 年，由三聯書店印行，1962 年還在香港商務印書館印行過《商衍

鎏詩書畫集》。1950 年代，香港九華堂為其代收的潤例如下：

對聯四尺以內四十元 五尺五十元 六尺六十元 單
條四尺以內四十元 五尺五十元 均三行為限 加一行加
十元 冊頁方尺以內四十元 八行為限 加一行加五元
扇面跨行每面四十元 單行八十元 楷書加倍 金箋紅箋
加倍 寫竹冊頁扇面均五十元 小條二尺內八十元 朱竹
翠竹加倍 墨費加二

　　這份潤例因為幣值的改變，比起上引幾位太史潤例為
貴，當時商老太爺是碩果僅存的一甲進士，雖然昂貴也不乏捧
場者。

　　商衍鎏書法亦值得一說，他的書體早年學李文田的魏
碑，由於極為罕見，今日僅知香港玉山草堂所藏一區，中年之
後，以顏體加上蘇東坡的墨法，綿裏藏針，氣格老練，與朱汝
珍的光潔尖秀不同。抗戰之後，他又開始畫竹，他的竹具有文
人氣息，雖小幅斗方，也有瀟灑臨風的韻味。

碩果一人习作謙

清代末年，廢除科舉的呼聲越來越高，即使極力維護者想在出題目上如何費盡心思，八股文章的迂腐和當時外部世界的改變，都是嚴峻的事實。主張廢除科舉的如張之洞等人，都是科甲出身，他們自己也對這種制度煩厭，在朝野共識的情況下，清廷宣佈從光緒三十一年（1905）開始永久停止科舉考試，以學堂考試代替。中國從隋朝以來形成的科舉制度，至此畫上句號。

與科舉並行的翰林選士制度，卻仍然需要維持，畢竟國家還是需要選拔最優秀的人才儲備，於是清廷在留學回來的學子之中，進行考試，成績優秀者，授予「翰林編修」或「翰林檢討」職務，在科舉時代這是二甲和三甲進士出身對應的職銜。這些留學歸來的翰林被正科出身的進士稱為「洋翰林」，言下頗有看不起的意思。洋翰林從 1909 年到 1911 年授職不過幾十人，他們都接受過外國教育，思想進步，在辛亥之後也大多服務民國，沒有效忠清室。這些洋翰林的最後一位，是廣

東興寧人刁作謙。

刁作謙（1880－1974）原名慶傳，字斐立，英文名 Phillip Tyau，生於廣東興寧縣，10 歲時跟隨父親移居檀香山。中學畢業回國，入上海私立聖約翰大學，1901 年畢業後，到英國留學，考入劍橋大學基督學院，獲得文學士和法學士學位。光緒三十三年（1907）獲得英國大律師資格。第二年又獲得劍橋大學文學碩士學位，其後刁又在倫敦大學讀法學博士，但未畢業。宣統元年，擔任駐英中國留學生監督。

宣統二年（1910）他從英國回到北京，次年通過留學生考試，授翰林編修。這是中國歷史上最後一次授予翰林職銜，刁算是趕上了末班車，今日興寧刁氏故居「外部第」門前，聳立着一對石獅子，上面刻着翰林編修的職銜，門上也高掛着「宣統三年辛亥歲 欽點翰林院編修」的功名牌。

辛亥革命後，刁因為熟悉外

Dr. Philip K. C. Tyau
刁作謙字斐立
(Tiao Tso-ch'ien)

| 刁作謙早年留影

| 宣統三年欽賜刁作謙翰林院編修的功名牌匾

國環境，在北京政府外交部任職，兼大總統秘書。1914 年兼任倫敦總領事，1916 年歸國後繼續在外交部工作。1921 年任駐古巴公使，當年 10 月參加了著名的華盛頓會議，任中國代表團秘書長，隨後調任駐巴拿馬全權公使。1926 年再次歸國，又在外交部任職，1933 年派駐新加坡總領事。

1936 年，外交部因為刁的廣東背景，任命他為兩廣特派員，主要處理兩廣地區外交事務，這時期他主要處理了兩件重要糾紛，即中英九龍城寨案與中日汕頭事件。

刁作謙在兩廣特派員到任第二年 3 月，港督郝德傑曾經計劃遷走九龍城寨的居民，將該地劃歸香港實際管轄，刁作謙始終堅持九龍城中方有管轄權，此事雙方後來達成共識，擱置處理。

1937 年 5 月 22 日，日本駐汕頭領事館巡查員青山在永平路神州行居住，拒報戶口，並毆傷前來調查的中國警察，遭到中方拘捕，日本軍艦開到汕頭海面威嚇，史稱汕頭事件。日本政府向中國政府提出抗議，5 月 28 日，刁作謙派秘書凌士芬調查此事，日本駐廣州副領事隨行。此行經過調查，確實為青山先行兇傷人，日方表示願意就地和平解決。然而數日之後，日方再次提出新要求，已撤退之軍艦再次駛回汕頭海面，這時刁作謙正式向廣州日本領事抗議。這其實是日方在七七事變之前，一再向中方故意挑起爭端的手段。

七七事變之後，日寇鐵蹄很快佔領華南，廣州淪陷之後，刁移居香港。1941 年香港淪陷，刁也遭到日軍扣留，日軍認為他是有用人才，想辦法引誘他下水，但刁作謙堅決不為

| 興寧刁作謙故居正廳今貌

所動，並以回鄉探望八十老母為名，於 1943 年逃脫，到達重
慶，在一家學校擔任國際法教授。1945 年抗戰勝利，他回到
外交部任職顧問。

　　1950 年刁作謙遷居香港，投身教育。早在 1921 年，他
就曾經擔任清華學校（清華大學前身）監督，對於教育非常熟
悉。回到熟悉的香港，他在聖保羅女子中學任教，後來擔任該
校校長，同時因為他在客家人士圈中的崇高聲望，被推選為崇

正總會監事，是該會繼賴際熙，謝遠涵之後第三位太史監事。

晚年的刁作謙，對於鄉梓事務非常熱心，他居官清廉，平時生活非常節儉。旅港興寧總會成立時，他卻捐出巨資作為基金。他八十歲和九十一歲生日時，蔣介石親自書寫「壽」字祝賀。1970 年 11 月 8 日，是刁作謙九十一歲生日和「重宴恩榮」（古代慶祝中進士六十年）的喜慶日子，當時尚在世的幾位老民國政要如林翼中，陳佐乾等一起穿上傳統的長袍馬褂，為刁作謙祝壽。

刁作謙從小接受西洋教育，一生從事外交與教育，晚年卻頗為懷舊。他也能寫書法，並且專門請人刻了一方「翰林編修」的印章，鄭重地鈐蓋在自己的書法作品上。上世紀六七十年代的香港報紙，也稱呼他為「刁太史」。

1974 年 12 月 1 日，刁作謙於香港寓所病逝，當時《華僑日報》評價說「刁太史為前清翰林之碩果，亦為我國外交之宿耆」，他是中國歷史上擁有翰林編修官銜的最後一人。

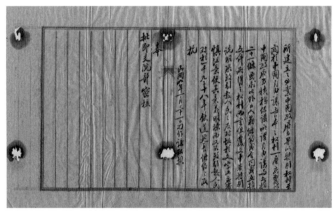

| 刁作謙親自起草的外交公文稿件

澳門的太史行蹤

　　港澳一水之隔，文化語言完全相同，只是澳門人口比香港少，地域更比香港小太多，這裏也留下不少清代翰林的蹤跡。

　　澳門歷史上，寓賢翰林最早的是咸豐朝的黎翔，字仁卿，號鳳樓，香山籍，原住石歧，咸豐十年（1860）庚申科二甲八十二名進士，選庶吉士，未散館，只授了「國史館協修」加兵部主事銜。黎家在石歧和澳門一帶擁有不少田產，他沒有在仕途上進取而是回鄉作寓公，又參與香山的修志，與陳澧等大儒為好友。

　　澳門昔日很多重要碑記，均出於黎太史手，其中知名度較高的是同治年間所立的《倡建鏡湖醫院記碑》，另外在三街會館也保存有同治二年（1863）所立《重修闔澳公所碑記》一方，亦為黎所撰書。

　　澳門南灣海邊，昔日有一座葡式的大宅，外觀與附近的葡式建築無二，卻是當時赫赫有名的「太史第」，這所府邸的主人就是澳門「本土」翰林李翹燊。

李翹燊（1881－1960）生於光緒七年十月初十，原籍新會，弱冠補新會生員，光緒甲辰恩科以當年最年輕的進士選庶吉士，後選派留學日本法政學校，回國後授翰林編修，授國史館編修，實錄館纂修等。辛亥之後，奉父居澳，隱居不出。在澳門他曾經創辦過李際唐義學，教育平民子弟，也偶爾出席公益慈善活動。但他與其他居粵港清遺民似乎來往並不密切，也不曾參與遜帝小朝廷的活動。李家在江門一帶頗有資財，其父親擁有巨資，南灣的太史第就是其父物業，1950 年代某次雷電擊中太史第外牆，牆角石欄杆被劈去一角，還被報界引為新聞。因不須訂潤例賣

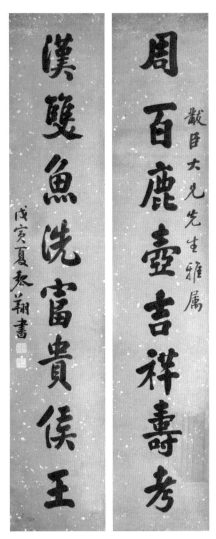

| 黎翔楷書八言對聯

漢雙魚洗富貴侯王

戊寅夏黎翔書

周百鹿壺吉祥壽考

歡臣大兀先生雅屬

| 香港《工商日報》1960 年 10 月 27 日報道李翹燊逝世消息和照片

字，故李太史書法較為罕見，筆者多年前曾收得一聯，書法參以北魏體，氣格不凡。李翹燊於 1960 年 10 月 26 日去世，當時報紙報道說，廣東僅存的清代翰林只剩下三位（當時香港岑光樾已於兩月前仙遊），李過世後，則只有居北京的商衍瀛和廣州商衍鎏兩人矣。出殯當日，南灣太史第賓客滿堂，執紼者眾，有上千人到場為李太史送行。

辛亥之後，從廣東移居澳門的太史，先後有吳道鎔，張學華等，他們多數與先期隱居於此的汪兆鏞有交情，吳張汪三人還相約比鄰而居，後來吳先回到廣州，張學華則留澳長達七年之久，抗戰勝利前才回到廣州西關。此後來澳的則有商衍鎏探花，他在澳門住了接近兩年（1948－1949），期間偶爾來澳的則有丁仁長，江孔殷等。

幾幅廣東翰林合照小考

照相技術自咸豐朝傳入中國以來，到光緒末年已經十分成熟，尤其在廣東，因接近港澳的關係，民眾對於攝影並不陌生。

廣東翰林集體照片，現存比較早的，有宣統元年（1910）戴鴻慈入閣時，與十三位青年翰林一起合照，照片上戴鴻慈站正中，他穿着一件帶朥貂褂，這是一種只有御賜才能穿的名貴朝服，其他翰林身穿普通朝服，掛着朝珠。按圖中所穿都是冬天服飾，該年十一月，戴授協辦大學士兼軍機大臣，是廣東歷史上最高的職官。（此前廣東人做到協辦大學士的只有乾隆朝的狀元莊有恭，然而莊未入軍機，清代規矩，入軍機兼協辦大學士才稱為真拜相）北京的農曆十一月已經十分寒冷，所以翰林們都換了冬天朝服。天冷雖然刺骨，朝服卻不是由官家發放的，要自己添置，尤其是寒冬所需要的貂毛長袍，窮翰林往往買不起，只能到故衣店中買二手的，往往貂毛很多都被蟲蛀鼠咬，毛也脫落了，只有家境富庶的才有錢買新皮袍。照片的攝影地點，筆者推測是前門外西打磨廠粵東新館，這裏從嘉慶朝

開始啟用，現在已經拆除，筆者在十五年前曾經採訪，拍攝了會館最後的留影。

辛亥之後，大部分居住在廣州的翰林先後南渡香港，留下了兩幅較為知名的照片，即《香江九老圖》和《癸卯甲辰科同人合影》，先說前者。

這幅九位老人合影，原為陳伯陶家舊藏，被多次引用和翻拍，原照片無標題，現在能找到其最早出版的是 1997 年由陳伯陶孫陳紹南所編印的《代代相傳：陳伯陶紀念集》中收錄，此書中照片說明為：

> 前清京官合照於香港，約 1920 年，前排左起張
> 學華（漢三）太史，左二不詳，吳道鎔太史，陳伯陶
> 太史，汪憬吾（兆鏞）秀才，後排左起金芝軒秀才，
> 黃誥（宣廷）太史，伍叔葆（銓萃）太史，桂坫（南
> 屏）太史。

《代代相傳》一書收有不少陳氏家族所藏珍貴照片，然而說明錯漏甚多，此幅圖片之錯誤也一直延誤不少引用者。首先是這九位老人並不都是「京官」，清代官員分為京官和外官，京官有名，外官有利，所以入翰林之後，有人會想繼續留在翰林院謀求升轉，這些勉強可以叫京官，又有大部分想到外省去做外官，例如照片中的陳伯陶，就是外放江寧提學使，在辛亥之前，照片中的大部分人都沒有留京做官，吳道鎔散館後即回廣東，桂坫早已到東莞做書院教書，所謂「京官」並不準確。其

次是科名，照片中有六位翰林不假，汪兆鏞卻不止「秀才」，他是光緒十五年的舉人，更是一天也沒有做過「京官」。前排左二，坐在張學華與吳道鎔之間的一位道家裝束的老者，照片說明不詳，其他書本中則認為是梁慶桂（1856－1931）。

按梁慶桂（字小山）是番禺世家，天寶行梁家的後人，他的祖父梁同新，父親梁肇煌都是翰林，官順天府尹，他歷任內閣中書，侍讀，後來奉學部之命赴美洲籌辦僑民教育。由於他多年在學部任職，倒是符合「京官」的頭銜，賴際熙藏札中有一通張學華信，談到的背景應該是為遜帝大婚籌集賀金和賀表的事情：

> （前略）須用摺稿已擬成，請酌用，照憲綱，以梁小山兄領銜最合，以下各銜名，應先京官，次外官，照衙門先後次序全列，望告礱老定之。

清代規矩，大臣奉獻禮物或者金錢需要賀表，領銜的人物，並非以科名為排列（否則應該由陳伯陶領銜），為什麼以梁慶桂為首，筆者猜測可能是梁當時仍在遜帝身邊服務之故，廣州博物館藏梁慶桂致黃誥信札中也提到他自己生日時蒙溥儀賜匾額一事，可見遜帝對他的器重。

梁慶桂留下照片只有一幅，在網路上可見是美洲華僑學校所保存的，面貌與此幅照片中道裝老者頗有不同，尚待考索，然而當年吳道鎔等確實有過一個「九老會」，經常會面的就是這九位老人，廣州博物館藏張學華寫給黃誥的一封信中說：

（前略）昨憬吾兄談及十三日欲在王朗桓狀師處敘會……並言附近雅荷塘澄園地最幽潔……乞與小山兄酌之，初九日九老堂可快敘也。

此信中所提到雅荷塘在廣州城內靠近小北門，故定為居廣州時所寫，信中提到了汪兆鏞和梁慶桂，又期待這初九日「九老堂」的雅聚，可見當時這九位老人在民初廣州居住時經常聚集一起。

回到照片上，這則說明中提到「攝於1920年代」應無疑問，然而這九老是否同時一起來到香港，筆者只能存疑。上文提到，六位太史確實都曾在香港居住，然期間先後不一，能同時在港聚齊九老的機會並不高，姑且仍其舊稱為九老圖。

另一幅著名的照片則是《癸卯甲辰科同人合影》，此照片原藏所不詳，可能為賴際熙所藏，上方有朱汝珍所題標題曰：癸卯甲辰科通籍同人敘於香港學海書樓，丙子十月。

「通籍」是清人指中進士之謂，這幅照片上共有十位進士，從左起分別是溫肅、岑光樾、陳念典、區大原、賴際熙、周廷幹、區大典、朱汝珍、左霈、陳煜庠。照片中除了朱汝珍和岑光樾是甲辰科之外，都是癸卯科的進士和翰林。

癸卯甲辰（1903－1904）是中國歷史上最後兩次正式開科取士，這兩科的進士在晚清政壇上也起到重要影響。照片的背景，是港島般咸道學海書樓二樓，建築早在上世紀六十年代初已經拆除，這是留存下來的唯一書樓老照片。

照片的時間，朱汝珍題字是十月，筆者考《左霈日記》有

明確記載，該年十月十九日，日記寫道：「午到學海書樓癸卯甲辰兩科同年宴會，晚到師範，寄汝姪一函。」

這次宴會又為何組織呢？根據筆者的考證，是為了慶賀照片中最年長，站在正中的順德周廷幹（1852－1937）重宴鹿鳴之喜，周字恪叔，癸卯進士，光緒丁未散館授編修，辛亥後一度參與編寫光緒的《德宗實錄》，後回順德鄉居。

周廷幹於 1936 年十月到港，賴際熙遂組織老同年們一起歡聚，第二天晚上，左霈還設宴招待周，廣州博物館藏區大原致溫肅手札提到：

> （前略）昨年書樓之會，弟以為最難得，亦應有之嘉會，此後或不能如是之齊集云。蓋謂鄉省港散處，或難湊合，非謂如賴老之飄然高舉也，何不幸而言中乎。周同年芹香周甲，加以康健，最為難得，昨年已求其寫壽而康三字，即此意也，茲有此盛典，擬再求其寫條幅一張，以為紀念，請代轉致為盼。

此信透露了不少信息，首先是此信中說「昨年書樓之會」，即寫於 1937 年，周廷幹的卒年，所有資料均記載為 1936，而區大原在 1937 年尚求溫肅代向其索字，可知他必定尚在人世，《左霈日記》1936 年也沒有提到周過世的消息。

信中說周是因為鄉試花甲（清代稱為「重宴鹿鳴」）而到港，接受同年的祝賀，此次聚會很可能由賴際熙組織。「鄉省

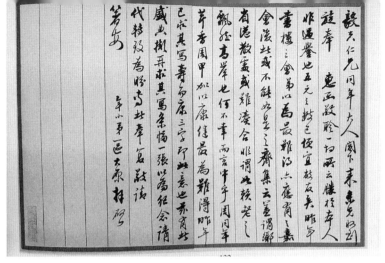

| 區大原致溫肅信札談及書樓聚會事

港」三字可見周當時是隱居在順德鄉間，而溫肅在宴會後不久
也回到順德龍山，所以區大原才會請溫肅轉達求字。

　　照片的站立順序，以年齒排列，周廷幹與賴際熙排正
中，溫肅與陳煜庠年紀最小。兩位陳姓進士是沒有入翰林
者，陳煜庠是癸卯進士，花縣人，辛亥後長居香港，曾印行家
藏的《唐拓九成宮》碑行世，亦工書法。陳念典，增城人，與
賴際熙為同鄉，癸卯進士，清末曾任廣東諮議局議員，後移居
香港，曾協助賴際熙編撰《增城縣志》。

　　考察兩組照片的微妙區別，其實也包含了遺民間「出處
之義」。前面章節已經提到，清代翰林是一個特殊群體，他們
之間講究規矩、講究輩分、講究一切細節。我們比較一下這兩
幅同樣拍攝於香港的翰林照片，首先，兩幅照片中竟然沒有一
個重複出現的人物，《九老圖》中人，科名都遠早於學海書樓
眾人，除了科名輩分的原因外，「九老」中人，與賴際熙溫肅
等也常有來往，但癸卯甲辰科中人卻無緣名列「九老」，筆者
認為還有隱居與出山的原因。九老之中，基本上都是辛亥之後

息影林泉，沒有出來服務新朝，甚至連教育事業也不屑，僅以賣文賣字為生。總觀此九老，基本如此。比較一下癸卯甲辰兩科進士，因為年紀較輕，他們的上進心也較大，既有服務遜帝身邊（溫肅，朱汝珍），也有為洋人所聘請在學堂任教（賴際熙、區大典、左霈），甚至有在民國政府學校中任教（區大原），以及自己創辦中學（岑光樾）。相比之下，「九老」無疑更為超然，更有伯夷叔齊之感呢！

結　語

　　筆者對翰林文化的研究始於在廣州跟隨李曲齋先生學詩詞書法，他是李文田的幼孫，館閣傳家，書香未散。而關注居港翰林史料則始於 1997 年結識香港文化老人鄧又同先生，他早年在香港生活，因為世交的關係，幾乎見過所有居港的遺民。在他和學海書樓同仁的介紹下，筆者採訪了多位太史後人，又介紹廣東省政協文史委訪港，促成了後來出版《香海傳薪錄：香港學海書樓紀實》論文集。

　　在採訪過程中，筆者積累了不少清遺民在香港的史料和實物，一直有為他們寫一部更詳盡傳記的想法，庚子疫情驟起，粵港阻隔，困居之中，想起昔日遺民南渡的日子，於是效法先賢，杖履遊歷於港九新界各古村老廟，意外發現了很多與清代翰林有關的遺跡，遂萌生了重理舊業之想。昔日陳伯陶隱居著述，經常為「海濱無書」而苦惱，今日因着網絡的便利，得到友人相助，很多書能在網絡與圖書館中覓得，加上實物史料，得以順利撰寫此書，其中撰寫小傳的居港翰林共二十多人，連上篇提到曾經訪問香港的翰林，達到三十餘人次，這使過往對於香港文化的認識，不啻是一個重要補充。很多翰林的傳記，昔日只找到幾十字，在本書中得到補足，也糾正了以往史料記載的錯誤，例如區大典、左霈、周

廷幹幾位太史的卒年，都有新的考證。

為了增補更多資料，筆者北上隔離兩週後，在番禺採訪了今年九十五歲的區大原太史幼子區兆熊先生，又從家中電腦裏找出了多年積存的老照片，很多太史的遺跡文物，例如陳伯陶賴際熙兩太史墓地，今日一遷一毀，撫今追昔，不無感慨。

在此要感謝協助尋找史料的黃啟深博士、區振作先生；提出指導意見的香港中文大學黎志添教授、程中山先生；提供圖片資料的溫榮欣先生、林曉敏女史、林勇軍先生、李瑞翔先生；香港中華書局趙東曉兄始終關心小書的進展。在這全球化的困局之中，隱居著述之餘，更感悟昔人面對變局的心態：這群昔日的社會精英，如何在社會巨變中尋找屬於自己的世界。對於承平日久的現代人來說，也未嘗不是一個反思的好時光。

庚子寒露夜於紅香爐峰下南窗

□ 責任編輯：黃杰華

□ 設　計：簡雋盈

□ 排　版：時潔

□ 印　務：劉漢舉

道從此入：清代翰林與香港

□
作者
梁基永

□
出版
中華書局（香港）有限公司
香港北角英皇道 499 號北角工業大廈一樓 B
電話：(852) 2137 2338　傳真：(852) 2713 8202
電子郵件：info@chunghwabook.com.hk
網址：http://www.chunghwabook.com.hk

□
發行
香港聯合書刊物流有限公司
香港新界荃灣德士古道 220-248 號
荃灣工業中心 16 號
電話：(852) 2150 2100　傳真：(852) 2407 3062
電子郵件：info@suplogistics.com.hk

□
印刷
美雅印刷製本有限公司
香港觀塘榮業街 6 號 海濱工業大廈 4 樓 A 室

□
版次
2022 年 1 月第 1 版第 1 次印刷
© 2022 中華書局（香港）有限公司

□
規格
16 開（210 mm×153mm）

□
ISBN：978-988-8760-34-3